学习法 海沃塔

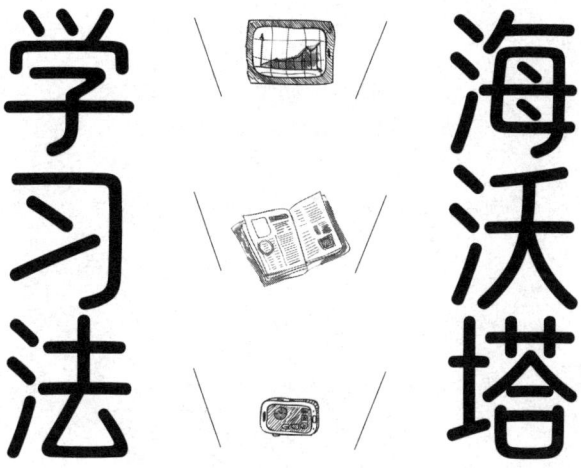

[韩]金政完 著
穆秋月 译

HAVRUTA
从被动输入到主动输出的自驱式学习法

推荐序

从提问出发，点燃自学的引擎

舒大军 | 成都百悦成龙学校总校长

每一个孩子，天生都会提问。每一个孩子，也都具备学习的潜能。

问题是，我们的教育系统是否真正允许他们提问，是否真正相信他们能学。

作为人大附中西山学校的创校校长，我曾参与中国第一所未来学校的探索；如今，我正带领一所传统K12民办学校，全面升级为"AI时代的未来学校"。

我们试图回答一个问题：什么样的教育，才能真正顺应AI时代？

我的答案是：从提问出发，以自学为核心、AI为助力，构建属于孩子的"学习系统"。

所以，当读到《海沃塔学习法》时，我非常激动。这不是一本空谈理念的教育书，而是一本从学生视角出发、系统构建学习路径的行动指南。它既提出了明确的理念，也提供了可操作的方法，全书围绕"如何让学生成为自我驱动的学习者"这一目标，细致地拆解了学习的关键机制，比如动机激活、提问训练、任务管理、反思反馈、学习社群营造等。每一章节既有认知依据，又配套实践方案，是一本可以直接"带进课堂、带回家中"的学习力工具书。

这本书让我意识到,我们并不孤单。它为我们正在实践的这条路提供了坚实的理论支持,也拓宽了我们的教育共创网络,让更多志同道合的同行者彼此连接。

01 | 提问,让学习从被动走向自觉

我们都知道:无提问,不思考;无思考,就没有真正的学习。

而《海沃塔学习法》最打动我的地方,就是它从"提问"切入——不以知识灌输为起点,而以好奇与困惑为起点。

> "孩子们从小不爱问问题,不了解提问的技巧和方法,这些都需要老师的指引。"

提问不仅是检验理解的工具,更是激发深度学习的开关。《海沃塔学习法》中设置了系统的提问训练模块,强调学生应学会提出不同层次的问题,包括对知识点的澄清性问题、对理解的探究性问题,以及面向迁移与自我建构的反思性问题。这一分层提问方式来自书中对提问质量与深度的不断训练,是激活认知、深化理解的重要路径。思维越深,问题越多;问题越好,认知越活。

书中还提到:"提问和回答没有高低之分,所有提问和回答都值得被尊重。"这不仅是对孩子的认知尊重,更是重建课堂生态的重要一步。在我们学校,我们会努力营造"允许愚蠢、尊重无知"的学习场。

现实中,太多孩子因为害怕"问错",所以选择沉默,进而失去了表达、探索和成长的机会。而真正的教育,正是从允许孩子提出"还不成熟的问题"开始。

真正重要的,不在于你答对了什么,而在于你敢不敢开口提问。

02 | 学霸不是培养出来的，是被"保护"出来的

我坚信，在 AI 时代，人人都能成学霸，并且我始终坚持：学霸不是培养出来的，而是被保护出来的。

每个孩子最初都拥有旺盛的学习欲望和探索本能。问题在于，在成长过程中，那些原本属于他们的好奇心、表达欲、试错权，被一点点剥夺和驯化。最终，他们学会了"沉默""顺从""等待喂养"。

《海沃塔学习法》提醒我们，保护比塑造更重要。孩子不是需要被"改变"，而是需要被"看见"，他们的潜能不是缺失，而是被掩盖。

书中提出，教学不是讲得越多越好，而是让学生在探索中自己建构：通过提问、对话、解释说明和争论来表达自己的想法。

真正的教育，不是制造更多"听话"的孩子，而是守护他们成为"会学"的人。

03 | 自学是学霸的标配，自学 +AI 是学霸的顶配

在我们学校，我们将"自学能力"作为学生发展的第一能力。

真正的"好学生"，不是被动完成任务的执行者，而是能主动建构认知系统的学习者。他们具备的，不仅是学科知识，更是一整套可迁移的学习能力：

- 能设定清晰目标并持续调整；
- 能拆解复杂任务并管理进度；
- 能提出关键问题并搜索多元信息；
- 能调动外部资源（包括 AI）并进行反思修正。

正如《海沃塔学习法》中所强调的，学习的主导权必须回归学生本人。通过提问、对话、解释说明和争论等方式进行表达，是激活认知、深化理解的有效路径。

AI时代的到来，为"自学"赋予了前所未有的可能。

我们鼓励孩子"带着AI去探险"，不仅会使用AI，更会驾驭AI。一个具备自学力的孩子，在AI的加持下，将释放出惊人的成长潜力。

《海沃塔学习法》中指出：

"老师不再需要给每个学生一一说明，只要针对个别学生提出的问题进行讲解即可。"

这正是我们一直提倡的"认知教练型教师"定位。未来的教师，不再是台上输出答案的讲解员，而是站在学生身边、激发思考与反思的认知教练；而学生，也不再是等待填满的容器，而是能够主动建构知识、持续进化自我的学习设计者。

04 ｜学习的起点，是思维引擎的启动

《海沃塔学习法》最可贵的，是它不仅讲理念，而且具备极强的操作性。

它聚焦于如何让学生成为自我驱动的学习者。围绕这一目标，书中展开了多维度的实践方案。譬如，为了激发学生专注与参与，书中设计了"全班轮流发言"的机制，并鼓励在小组间进行主动提问，以形成自然的注意力集中与认知参与。

在时间管理与学习节奏上，书中虽未系统讨论"时间管理"这一术语，但在教学策略中多次强调任务分解、节奏控制与目标感的重要性，倡导通过结构化任务来提升课堂效率。

更关键的是，本书将"问题驱动"视为学习动机的核心来源。通过提出澄清性、探究性与反思性问题，引导学生主动与文本、同伴和教师建立真实对话，推动知识的理解与迁移。

在反思与反馈方面，书中强调通过表达自己的想法、与他人争论、

记录问题等方式促进思维深化，这些方法实际构成了元认知训练的基础环节。

此外，书中提出了"问题清单"的概念，鼓励学生在学习过程中主动记录疑问，课前整理、课中提问、课后追踪，从而形成完整的"问题解决链条"。这一做法虽未明确定义为"提问地图"或"任务清单"，但其所倡导的学习流程与我们所追求的教学理念高度契合：鼓励学生主动识别问题、规划学习、追踪进展，逐步形成自我驱动的认知路径。

《海沃塔学习法》不仅补齐了我们"自学系统"中的结构性缺口，更激发了我们团队将其方法本土化、学生化的热情和信心。

05 ｜真正的教育，不是灌输，而是点燃

这个时代，不缺资源、不缺 AI、不缺教材，缺的是能点燃孩子"想学"的那一束火光。

而提问，就是那第一道火光。

就像我常说的："教育不是把知识装进去，而是把热情引出来。"

孩子不是我们要雕刻的作品，而是我们要点燃的火种。

点燃他们的自学能力，就是为他们激活一生不断成长的内驱力。

06 ｜写在最后：点燃自学的引擎，从这本书开始

如果你是一位老师，读这本书，会帮助你从"传授者"走向"认知引导者"；

如果你是一位家长，读这本书，会让你更懂得，如何在家庭中保护孩子的"提问欲"；

如果你是一位学生，读这本书，会让你找到在 AI 时代真正属于你的学习节奏和成长路径。

《海沃塔学习法》不是一本教你如何应试的技巧手册，而是一本指引学生建构学习系统、激活认知成长的实践指南。

所以，我郑重推荐这本书。

愿我们一起，从提问出发，点燃孩子自学的引擎。

目录 CONTENTS

第一部分 海沃塔究竟是什么？

犹太裔天才们的秘密 /3
　包揽各项诺贝尔大奖的教育秘密 /3
　犹太人的学习传统和文化代码 /5

海沃塔的定义 /7
　和朋友一起讨论的学习方法 /7
　海沃塔学习法的两大原则 /7
　海沃塔之花——讨论（争论）/17
　海沃塔是以友情为基础的学习方法 /21

海沃塔的基本结构、原理及核心价值 /22
　海沃塔的基本结构 /22
　海沃塔的两大原理 /33
　海沃塔的核心价值 /35

第二部分 海沃塔讨论的基本模型

海沃塔讨论五阶段 /43
确定时间和地点 /48
确定文本 /49
海沃塔实例 /52
　朗读＋解释 /52
　提问＋回答＋讨论 /54
　寻找主题＋证据 /60
　支　持 /62
　挑　战 /64

第三部分 **海沃塔的应用**	**亲子海沃塔** /75 要像做游戏一样开展亲子海沃塔学习 /76 帮助孩子成长为一个善于提问的人 /77 如果家里不止一个孩子,最好进行一对一海沃塔学习 /77 在教育方针上,爸爸和妈妈要尽可能做到统一 /78 **亲子海沃塔实例** /79 朗读＋解释 /80 提问＋回答＋讨论 /81 寻找主题＋证据 /86 支　持 /87 挑　战 /89 **团体海沃塔** /96

附录　关于海沃塔学习法的疑问 / 99

写在最后 / 123

第一部分 海沃塔究竟是什么？

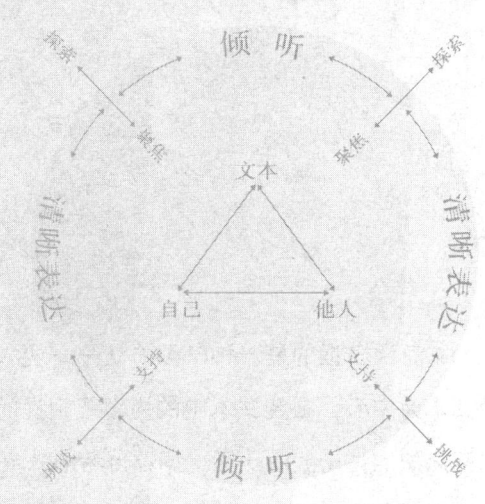

海沃塔指的是一种学习方法——两人为一组，以文本为中心，围绕文本中的内容互相提问、回答并展开热烈的讨论。海沃塔一词源自希伯来语"Havruta"，即"朋友""友情"的意思，指的是两人一组一起学习的方法。

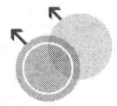

犹太裔天才们的秘密

包揽各项诺贝尔大奖的教育秘密

每年十月,我都会特别关注瑞典诺贝尔奖项的消息。倒不是因为我会自不量力地期盼自己成为获奖者,而是因为好奇,这一年的诺贝尔奖获奖者会有几名犹太人呢?

截至2021年,犹太人口约为1500万,在全世界80亿人口中占不到0.2%,但他们在全球最具声望的诺贝尔奖的获奖者中占据了22%。

我之前看过一部纪录片,是关于一个韩国孩子被美国犹太人家庭领养的事。这家人给孩子取名为莉莉·马戈林,后来莉莉考上了哈佛大学。

莉莉的养父经常和她一起玩提问游戏,让她更快地提升思考能力。其中就有一个提问游戏是不停地问"为什么",就是无论一方说什么,另一方都要始终回问"为什么",比如:

> 父亲：太阳很热。
>
> 女儿：为什么？（太阳为什么会热？）
>
> 父亲：因为太阳正在燃烧呀。
>
> 女儿：为什么？（太阳为什么会燃烧？）
>
> 父亲：为了给我们居住的地球传递热量。
>
> 女儿：太阳为什么要给地球传递热量呢？
>
> 父亲：因为只有有了热量，我们的大气层、土地和水才会变得有温度，各种生命体才能运行。
>
> 女儿：为什么？（为什么要有热量，生命体才能运行？）
>
> 父亲：因为热是能量之源，只有有了能量，生命体才能运行呀。
>
> 女儿：为什么？（为什么热是能量之源呢？）
>
> 父亲：嗯……这个爸爸也不太清楚呢，我们查查看吧。

玩到最后，父女俩会发现，提问游戏都会有无法解答的问题。就像苏格拉底的产婆术[①]一样，人们最终会意识到自己有很多不知道的事。人一旦意识到自己的无知，就会有学习的动力。莉莉说："我经常和养父母玩这样的提问游戏，从而感受到自己的无知，然后就会更加努力地学习。"在我看来，这个韩国孩子之所以能进入全球最顶尖的学府深造，在很大程度上是因为养父母对她的教育方式。

几年后，从哈佛大学毕业的莉莉进入谷歌工作，谷歌的创始人

---

① 是指苏格拉底关于寻求普遍知识的方法。通过双方交谈，在回答过程中，不断揭示对方谈话中自相矛盾之处，从而逐步从个别的感性认识上升到普遍的理性认识、定义、知识。——编者注

也是同样喜欢提问和争论的犹太人——谢尔盖·布林和拉里·佩奇。这两人都是1973年出生的，父亲都是大学教授，母亲又同为科学家，两个人的家庭也和其他犹太人家庭一样，都有着喜欢提问、对话、讨论的氛围。据说，谢尔盖一家人很喜欢把餐桌当成辩论赛场，而拉里一家的讨论氛围也不相上下。

犹太人的学习传统和文化代码

2004年，诺贝尔化学奖获得者、以色列海法工学院教授阿龙·切哈诺沃在被问及诺贝尔奖获得者中犹太人占绝大多数的原因时，他只用了一句话概括："提问和讨论的文化。"

犹太人的传统是，学习绝不是一个人的事，而是通过集体的形式，以老师为中心，和朋友们一起讨论着学习。大家都充分信任彼此，必要时互相提问、回答，对比自己的想法和朋友们的意见，不断寻求更好的方法。这样的学习传统也是犹太人的文化代码。他们不仅在学习中如此，只要有犹太人聚集的地方，就会形成各种问答、讨论的氛围。在家里，父母和子女之间、子女和子女之间，在学校里，老师和学生之间、学生和学生之间，都会就某个话题展开激烈的讨论，他们享受着丰富的知识带给他们的满足感。

在以色列的学校里，学生们也会通过无数的问题和讨论，开展十分活跃的学习活动。这得益于他们的"Chutzpah"[①]文化，他们都不会害怕或是不好意思提问，总是有问题就随时提出来。

---

① "Chutzpah"是希伯来语，意为"厚脸皮"。——编者注

实际上，犹太人教育的核心就是提问。有提问，就需要有人来回答，而且通常提问不会回答一次就收场，如果双方意见不同，在你来我往的对话中就会衍生出更多问题，这样一来就会引发各种意见对决，双方会展开激烈的争论。争论是最激烈的智力活动，经常争论有利于智力发展。

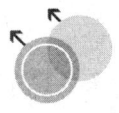

海沃塔的定义

和朋友一起讨论的学习方法

海沃塔指的是一种学习方法——两人为一组，以文本为中心，围绕文本中的内容互相提问、回答并展开热烈的讨论。海沃塔一词源自希伯来语"Havruta"，即"朋友""友情"的意思，指的是两人一组一起学习的方法。

海沃塔学习法的两大原则

原则一：一定要两人或两人以上一起学习

第一，海沃塔式的争论（或讨论），可以让彼此的心智得以打磨和经受洗礼。 拉比哈马本·哈尼娜表示："就像打磨尖锐的铁一样，学者们在讨论过程中也会打磨彼此的心智，令其变得更加锐利。"中世纪著名的《塔木德》学者拉什也表示："学者之间在展开激烈的争论时，他们的智慧才会得以提升。"

有些拉比认为，一起学习不仅能培养学生的能力，老师也会获得更多智慧。拉比哈尼娜曾坦言："人们从老师那里学到很多，从同事那里学到更多，从自己的学生那里学到最多。"人们可以向老师提问，也可以向自己的学生提问，还可以通过和水平相当的同事相互讨论来学习。

第二，海沃塔使学习热情得以持续。就像一把火无法独自燃烧很久一样，一个人学习也很难持续很长时间。即使是正在熊熊燃烧着的柴火，一旦被扔到灶洞外，也会很快熄灭。如果想让火不灭，就需要往灶洞里添加柴火。同理，海沃塔学习伙伴们不论水平高低，聚在一起互相陪伴、互相讨论，就会不断激发学习热情。

第三，多人一起学习可以互相指出对方的问题和不足。拉比朱利安·辛克莱表示："所有参与讨论的人都可以指出并纠正对方主张中的错误，质疑彼此的想法，并进行尖锐的反驳。"相比一个人学习，和他人明确表达自己的想法，可以帮助大家更清晰地理解问题。如果独自学习，很容易产生"我的想法都正确"的错觉。如果两人一起研究，即使有做得不正确的地方，在朋友的帮助下，最终也可以毫无偏颇地找到事情的真相。

原则二：一定要提问

作为一名教育人士，多年来给弟子们授业解惑的拉比马宾·托凯耶曾说过，犹太人五千多年来的教育秘籍就是"持之以恒地提问"。因相对论而获得诺贝尔奖的阿尔伯特·爱因斯坦也曾说过，在教育中，最重要的是"不停发问"。如果用一句话总结犹太人的教育,那便是"从提问开始,用提问结束"。

关于提问,我们在这里再深入探讨一下。海沃塔也是以提问为开端的,只有深刻地理解了提问,才能为海沃塔打好基础。

让我们先来看一看,到底什么才是提问。人类害怕无知。对未来一无所知、对信息毫不了解的人,无异于"失明"之人。了解尽可能多的信息,会在方方面面都对我们有帮助。这也是为什么人在遇到不清楚的问题时,会本能地想要去了解。如果我们遇到一些事物,脑海中响起了"好奇怪呀"的声音,那就代表着我们内心已经产生了疑问。让我们产生疑问的原因有很多,最具代表性的是"不一致""矛盾""好奇心""观察""引起关注"等等,这些原因都会让人不由得产生疑问。不过,没有转化为文字或是语言的疑问都不能算作提问,要想形成提问,那些疑问就要经历语言化的表达过程,这样大脑才会对所想的疑问做出具体判断。大脑会先自我询问,如果没有得出答案,就会想要向他人寻求帮助。但这个时候,不是所有人都能立刻脱口提出自己心中的疑问,这还需要提问的勇气。在一个人将问题问出口的那一瞬间,他很有可能会感到羞愧或是没面子,因为提问本身就是承认自己在某一领域的无知。但提问者需要克服这一难关,否则很有可能话到嘴边还是咽回肚子里去了。所以《塔木德》中写道:"羞于提问者无法学习。"

下面,我将对我探寻到的"提问的价值"进行简单概括。当然,从内在来看,提问包含各种各样的价值,我只选取了其中几个重要的价值。

第一,认可和尊重的价值。提问是对他人的认可和尊重。提问这一行为本身就代表着提问者是认可被提问者的。大家想一想,当我们有疑问需要解开时会想起谁呢？一定是想找能解答我们问题的人，对不对？假如说我现在对量子力学感兴趣，我一定会在网上搜索这个领域的老师或专家，无论是发邮件还是打电话，会想尽一切办法联系到对方，向其请教。从这个角度来看，我向某个人请教问题就代表着我认可他的实力。

提问代表着我们愿意聆听回答者的想法。无论是谁提问，终究都要靠耳朵接收信息，听到对方的答案，这意味着注意力会在此刻全部集中起来。犹太贤者认为，倾听是最高的尊重。

假设有人问出一个被提问者难以解答或是没想过的问题，被提问者也不要慌，要知道，这个世界上没有一个人是全能的，任何人都不可能回答所有问题，被提问者可以大大方方地告诉对方自己不知道答案。遇到可以解答的问题就详细地讲解清楚，遇到不会的问题就介绍其他人来帮忙，或是自己研究透彻后再来解答。我希望大家都可以用敞开的、感恩的心态来面对他人的提问。还有，我们要感谢前来提问的人，珍惜愿意向我们请教的人。

第二，谦逊的价值。 提问是谦虚的表现。《塔木德》多次强调，想要获得智慧，需要放低姿态。提问就代表承认自己的不足和缺失，要知道，承认自己的不足和缺失并非易事，因为它会让人羞愧。相信所有人都想要做知晓万事的人，哪有人会愿意做一个无知者呢？但提问这件事本身就意味着放低姿态，因为提问需要战胜自己的羞耻感。所以，犹太拉比才会说："提问需要拥有老虎一般的勇气。"即使听到周围所有人都说"怎么连这个都不知道"，但为了解开困惑而甘愿忍受羞愧才是谦虚者的做法。智慧如同水流一般，只会奔向谦虚之人。

第三，沟通的价值。提问是沟通的开始，代表着提问者已经准备好听对方的回答。换句话说，提问可以被看作向对方敞开心扉的一种表现。提问的目的就是听到答案，不敞开心扉，如何接收对方的答案呢？有很多家长抱怨说孩子根本不愿意向自己敞开心扉。确实，如果家长丝毫不了解孩子的内心世界，他们该有多郁闷呀？但父母们也该反思一下，自己是否给孩子提供了一个随心所欲的提问环境。如果孩子在家能够畅所欲言、不懂就问，相信孩子没理由关闭自己的心门。所以，鼓励孩子多提问才是沟通的基本。爱提问的人一定是耳朵和内心都对外敞开的人，因为他们需要听到答案。

敞开心扉是沟通的第一步。如果自己提出的问题被对方认真对待，之后的每一步都会变得顺畅起来。在对话中认真倾听，我们会更加强烈地感受到沟通的价值。父母也是一样，不要一味要求或命令孩子做事，而应时常向孩子提问，并给孩子一定的选择自由，这样孩子会从心底里感受到，父母是尊重自己的。

第四，真相和正义的价值。为了伸张正义，我们首先要弄清楚事实。没有事实依据就无法实现正义，正义无法建立在谎言之上。假如发生了一起杀人事件，警察好不容易逮捕到嫌疑人，逮捕之后会做什么呢？当然是提问了，这种情况下的提问叫作"审问"。因为要调查事件的真相，警察会推断案件的发生过程，向犯罪嫌疑人提出具体的问题，一点点证实其犯罪嫌疑。只有弄清事情的真相，才能向法院起诉嫌疑人，再由法官审判其是否有罪。由此可见，为了伸张正义，事实是极其重要的，而还原事实真相又是提问的结果。实际上，当犯罪嫌疑人被审问时，犯罪嫌疑人都会在"说出事实"和"说谎"之间犹豫。但如果选择说谎，就需要用一个又一个谎言来圆最初的谎言。因此人们面对提问时，总是有要如实相告的压迫感。

第五，创意的价值。提问对创意也有着巨大影响。我们试着看看周围的各种物品，哪一件不是人们通过不断提问创造出来的呢？每一件物品都是以一个问题为起点，为了满足人类的某种需要，不断叠加和增添各种创意，最终被制造出来，并不断被更新迭代。世上所有的新物品、新理论、新发现的出现都是同样的道理。没有任何一个事物是不经过任何疑问和思考就被创造出来的。因此，创意和提问紧密相连。

第六，牵制与均衡的价值。提问让相互牵制和均衡变为可能——在善于提问的社会里，人与人之间都可以互相牵制，力量也能得到均衡。上司可以通过提问牵制下属，相反，下属也可以通过提问来挑战上司，双方都可以寻求一个解释和答案。

第七，"思考的种子"的价值。提问促进思考，因为它本身就是思考的种子，人们听到疑问就会想要努力寻找答案。实际上，提问这一行为本身就是深刻思考的表现，凡是提过问的人都会明白我的意思。如果用一个单词或一个句子提出 20 个问题，与这个单词或句子相关的所有隐藏的含义都会浮现出来。如果带着这些想法和周围的人一起用海沃塔讨论问题，所有人都能获得更多想法。这时，自己的想法和他人的想法碰到一起，经常会碰撞出新的想法。用海沃塔学习和讨论的两个人之间的距离通常被称为创意空间，因为在这一空间里，两个人的智慧不断碰撞，经常会产生更多新想法和智慧。所谓创意并不是什么难事，而是两个人的想法融合后产生的新想法，就像氯和钠相遇会变为盐。因此，通过提问和讨论来理解彼此的智慧和观点，自然就会得出新的想法和创意。

第八，善的价值。好问题会驱逐邪恶的想法。德国犹太裔政治哲学家汉娜·阿伦特表示，之所以会发生犹太人大屠杀这种悲剧，是因为"平庸之恶"。1945年德国战败后，带头屠杀600万犹太人的阿道夫·艾希曼躲到阿根廷，1960年被以色列情报机关摩萨德要员押送到以色列。在1961年的耶路撒冷战犯审判中，他矢口否认自己所犯下的屠杀罪，并狡辩说自己作为德国政府的忠实公务员，对于上级指使的事情，只是服从而已。汉娜·阿伦特对此表示，"不加思考地听从上级的命令才是莫大的罪过"。她反问道："哪怕有一个人提出'用毒气屠杀人们、开枪打死无辜的犹太人是正确的吗？'这个问题，他们还会毫无犯罪意识地肆意屠杀吗？"相信任何人如果这样认真地反问自己，心理上都会产生巨大的矛盾，而且十有八九会停止作恶，或是拒绝上级的命令。

上面的各种故事和例子都向我们展示了提问蕴含着许多惊人的价值，仅凭几页纸的内容很难将提问的所有价值都阐述清楚，但重要的是，提问是让个人和社会不断发展的关键要素。作为积极变化的原动力，我们可以把提问看作个人与社会幸福的基石。所以，我们应该加快建设人人能提问、人人爱提问的社会文化。我们首先要做的就是转换思考方式，积极看待提问这件事，并认可其价值。

接下来，让我们一起了解提问的方法吧。实际上，我也好奇过："这个世界上还有不会提问的人吗？"但无论想要问的问题多么简单，如果不经常训练，提问还是会有些难度的。尽管我们现在知道犹太人都很善于提问，但他们也是从小被父母和老师训练出来的。没有人一开始就擅长提问，提问也需要学习。

所以，在开始学习海沃塔这一方法时，我也在不断地练习提问。下面我给大家介绍几个提问的方法。

1. 试着将一句话末尾的句号改为问号。

这是最简单的提问方法，将任何一句话末尾的句号改为问号都可以。比如：

- 苹果是红的。→苹果是红的？
- 我是人。→我是人？
- 地球是圆的。→地球是圆的？

只要把句尾句号改为问号，我们就能得到一个疑问句。通过这些问题，我们也可以思考一下之前自己理所当然地认为一定正确的事："苹果真的是红色的吗？""我真的是人吗？""地球真的是圆的吗？"经过这样一番思考后，大家是否也感受到了验证的必要性呢？

2. 就一个词想出所有能提的问题。

在纸上写下一个词，试着写下关于这个词的各种问题。相信你能写出无数个吧。例如：

太阳

- 太阳是一直在燃烧吗？
- 太阳会给地球带来怎样的影响？
- 太阳是如何成为一直发光的恒星的？
- 太阳能够让太阳系里其他行星围绕它转的力量来源是什么？

这样用"太阳"提问后，我才发现自己对太阳的了解竟如此匮乏。提问让人恍然大悟：原来自己还很无知。通过提问，我们会发现，原来我们对自以为了解的事物只是一知半解。所以，提问会让人变得谦逊。一个词、一个句子、一个段落、一本书,我们都可以拿来做提问训练。各种例子会在后文中的章节里提到,这里我就不再赘述了。

3. 找一个词,用"六何分析法"(5W+1H)来做提问练习。

例如,"奥运会"这个词:
- 奥运会由谁创办?(Who)
- 为何要举办奥运会?(Why)
- 首届奥运会在哪里举行?(Where)
- 奥运会是如何创办的?(How)
- 奥运会是何时创办的?(When)
- 奥运会对人类来说有何意义?(What)

4. 用"如果……"作为开头造疑问句——此类问题会激发人的想象力。

- 如果地球停止自转……
- 如果人类全部消失……
- 如果我是百万富翁……

5. 试着造一些关于共同点和不同点的疑问句。

把两个或两个以上的事物放在一起,提问它们的共同点和不同点。

- 夏天和冬天的共同点和不同点是什么?
- 足球和地球的共同点和不同点是什么?
- 我做这件事和你做这件事的共同点和不同点是什么?

6. 试一试开放式提问和封闭式提问。

在海沃塔中，封闭式提问指的是能在文章中找到答案的提问，而开放式提问则相反，指的是无法在文章中找到或推理出答案的提问。开放式提问更能激发出人们的想象力。下面，我们就拿前文提到过的一段话来看看开放式提问和封闭式提问的区别。

"学习和实践究竟应该哪一个优先？"拉比们曾就此展开过争论。当时，拉比阿吉巴主张学习是首要课题，相反，拉比塔尔蓬则表示"首先要实践"。拉比们赞同阿吉巴学习优先的主张，也赞同塔尔蓬的主张，要有实践作为支撑，才能获得学习的价值。

封闭式提问：
- 拉比阿吉巴更主张学习优先还是实践优先？
- 拉比们的结论是什么？
- 这段话给读者传递了怎样的信息？

这些问题的答案都能够在文本中直接找到，特别是"这段话给读者传递了怎样的信息？"这个问题。这一问题看起来好像是开放式提问，但答案基本上在段落中已体现，所以还是可以将其算作封闭式提问。

开放式提问：
- 拉比阿吉巴为何主张学习优先呢？
- 拉比们最终为什么会得出那样的结论呢？

· 以实践作为支撑的学习具体有怎样的价值呢？

以上三个问题的答案并没有在文本中明确给出。只有读者们自己联想、思考才能得出答案，所以可以将其看作开放式提问。

除此之外，根据问题的不同，还可以分为知识、理解、应用、分析、整合、评价六个阶段来做提问练习，但最重要的是打造可以自由提问的环境和文化。经常练习提问，一段时间后提问的水平也会有所提高。下面我们来看一下，法国高中毕业生的哲学考试中列出的问题：

· 人们需要梦想吗？
· 如果能从过往中完全抽身，我们会是幸福的存在吗？
· 现在的我，是我所有过往的集合吗？
· 宽容的精神中也包含着不宽容吗？
· 爱情是义务吗？
· 幸福只是一瞬间的吗？
· 对人类来说，死亡剥夺了所有存在的意义吗？
· 我们能骗过自己吗？

海沃塔之花——讨论（争论）

两个人一起学习、互相提问，很自然地就会变成讨论，因为每个人的想法都是不同的。上文提到，讨论可以洗涤和打磨一个人的心智。讨论以"说"和"听"为基础，尤其是"说"十分必要。但需要强调的一点是，海沃塔式讨论有别于普通的讨论，二者的目的是完全不同的。一般的讨论追求的是谁对谁错，海沃塔式讨论追求的则是何为真相。也就是说，讨论的目的不在于两个人一较高下，而是为了找寻真相。当然，为了说服对方，双方都需要努力，但更重要的是探索真相的态度和意志。虽然真相也许再怎么努力都未必能找到，但这并不代表努力探索的过程是毫无意义的。海沃塔式讨论的目的就是探寻真相。

要知道，真相往往藏在深处。虽然有些真相可能显而易见，但大部分真相都需要我们去深层挖掘。这好比沙中淘金，淘金者反复用溪水筛掉泥土和沙子，只剩下少量的金粉。海沃塔式讨论与其相似。只有如淘沙般去除不必要的部分，才能得到最纯正的真相。

正如拉比约哈南所言，人就是要通过争论才能认清真相。只有我们对对方的意见和想法都给予充分的倾听并进行讨论，才能看到真相的本来面貌。真相隐藏在双方的想法之中，只不过比例略有不同罢了。

海沃塔之花是讨论亦是争论。通过争论，我们可以更加明确了解、掌握各自意见的长处和短处，还可以把两方的好想法聚集在一起，创造出更巧妙的第三种智慧。所以说，如果没了争论，只是一味地同意或顺从他人的想法，正确的结论是无法得出的。

不过，海沃塔式争论再怎么好，也有需要注意的地方。因为争论还是会包含争辩的成分，稍有不慎就有可能变为口舌之争。那么，究竟要如何做才能避免争吵，真正做到为了探索真相去展开有建设性的争论呢？以下几点暗含的规则需要注意。

第一，意见是意见，人格是人格。很多时候，人们会因为没能将意见和人格做好区分而最终发生口角。有时候，有人提出反对意见并不代表他对对方的人格有什么意见。人格和意见绝对是两回事。因此，哪怕有人对我们产生质疑或提出反对意见，我们也没必要动怒，大家只不过是在对讨论的话题表达自己的看法罢了。在这种讨论和争论的过程中，大家都需要尊重彼此的人格，因此更需要小心自己说的话，情绪太过激动很有可能会导致口不择言。

绝对不可以无视对方、口不择言。"你说得不对""你这么说就只知其一不知其二了"，诸如此类的话在争论时绝对是大忌。这些话很有可能惹恼对方，而从对方生气的那一刻开始，这场争论就与理性无关了。任何人在感觉受到侮辱或不被尊重时，都会觉得自己受到了攻击，理性的神经会被麻痹，合理的讨论也就很难展开。

第二，争论要有逻辑。为了说服对方，发表意见的人需要有逻辑地表述出自己的想法。如果全盘逻辑都有问题，那会很难将讨论正常进行下去。讨论双方需要把自己的逻辑和推测依据落在内容上，不能毫无边际地想象和输出观点。如果超出一定范围，争论的话题和内容就有可能越来越偏。

第三，不能脱离论点。论点的不同决定了双方是持赞成还是反对意见。无论是正方还是反方，都应该以自己的论点为基础，明确阐述自己的想法。如果脱离了论点，只是东一榔头西一棒子地说出各种分散的想法，会给探寻真相带来很大的难度。

第四，尽可能给对方充分表达意见的机会。当对方在说话时尽量不要打断或插话，海沃塔式争论的目的并不是赢过对方，而是要洗耳恭听，看对方想要说出怎样的真相。当然，说话者也不要啰唆，把听者弄得疲惫不堪,还是要简要概括自己的主张。

在简要概括主张时,一般适合采用演绎式或总分式。如果表述过于冗长,很容易思路不清晰,无法突出主张的核心要义,也就很难进行海沃塔式争论。通常情况下,应按照主张、理由、例子的顺序展开描述,让核心信息更加清晰。

> 主张:我喜欢山。
>
> 理由:因为山会让我感到平静。
>
> 例子:山会让我看到自然界的纷繁多样,当我登上山顶时,我就会沉醉于大自然的魅力,从城市的烦闷中逃脱出来。

由于争论本身带有"争"的属性,如果不能把控好尺度,很有可能变为口舌之争,反而破坏两个人的关系。

我们有时说的一些话,很可能在无意间给他人造成难以愈合的伤害。在争论时,我们也要注意到这些细节,要留心自己讲出去的话,不能伤害到对方。

特别要提醒的是,在海沃塔式争论中,无论多么生气,都应始终围绕论点展开,不能为了压制对方或证明对方是错误的就攻击对方的弱点,这是绝对不允许的。想要做好海沃塔式争论,首先就要学习冷静、客观的争论方法。

海沃塔是以友情为基础的学习方法

对于海沃塔而言，友情是最重要的一环。人是无法独自生活的，一定要以共同体的形式才能生存，过上和平的生活。拉比希勒尔也曾说："不要离开共同体。"海沃塔的目的正是和邻里、朋友共享知识和智慧。

在犹太人眼中，海沃塔不仅能帮助他们理解和学习，还能让他们在分享和交流的过程中增添智慧。分享知识和智慧能起到相互促进的作用，让彼此变得强大。因为分享后每个人都会把对方的想法记在脑中，不会忘记。这样一来，除了拥有分享给朋友的智慧，还加上了从朋友那里得来的智慧。越是分享，得到的智慧就越多。那么，如果很多人一起分享智慧，结果会怎样呢？人们把自己的智慧和他人的智慧进行融合，以此累积、叠加，最终将获得惊人的智慧。

实际上，海沃塔是一种给予他人智慧的行为，也是以爱为基础的。它通过毫无保留地分享智慧来表现爱意。凡是参与到海沃塔中的人都会做好准备，自发地帮助一起学习的朋友。毫无准备就开始海沃塔学习是绝对不可以的。比如说我决定明天9点和朋友们一起进行海沃塔学习，那么在此之前我就应该对要学习的内容做好预习，深入研究，这样才能在学习时更好地和朋友们交换意见。如果我不做任何准备就参与海沃塔，自己和朋友们的收获都会少之又少。

不吝于分享智慧的人，最终都会收获巨大的馈赠——越是跟他人分享，越会收获他人的智慧，同时自己也能思考得更多、更深，因为在分享和教学的过程中，自己也会增长和获得更多智慧，老师比学生懂得更多的原因也正在于此。

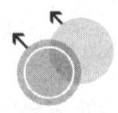

海沃塔的基本结构、原理及核心价值

海沃塔的基本结构

海沃塔的基本构成比想象中还要简单,只要有三个"伙伴"——两个人和一段文本即可。剩下的任务就是两个人拿着文本内容互相提问、对话和讨论,并产生各种相互作用。海沃塔的基本结构由三种对话组成——我和文本的对话,我和另一个我的对话,我和朋友的对话。

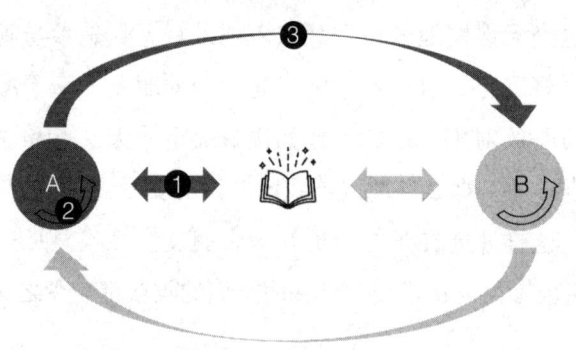

海沃塔的基本结构

我和文本的对话

我们首先要关注的便是我和文本的对话，也就是上页图中的①。当我们在读一本书时，我们会对内容有一个大体了解，但不可能百分之百都读懂，甚至一个大学生读小学生的书也可能会面临这样的问题。对于那些不太理解的部分，我们当然会产生疑问，疑问就成了提问的燃点。当读到看不懂的内容时，我们的脑海里自然会浮现出"为什么呢？""怎么会变成这样？""这是什么意思？"等问题。我们想出这些简单问题的过程就是上页图中的①。

疑问是元认知作用的产物。所谓元认知，指的是对自己认知活动本身的再感知，即人在进行各种认知活动的同时，自己还会对这些认知活动有所感知。元认知可以通过讲解说明得以活跃，也会在提问时发生作用。一个人在读或听的过程中发现自己有不能理解的部分并产生"为什么呢？"的疑问，就是元认知作用的证据。

总之，通常在①这个阶段会以提问为主。所以，我在课上带学生们进行海沃塔学习时，首先会让学生练习提问。当然，这对不太会提问的人来说是一个必要过程，而对已经能够熟练提问的人来说，这个过程可以省略掉。虽然我们在写字或读书时会自然地问出一些问题，但如果经常做相关训练，提问就会变得简单起来。因此，有意识地训练提问还是十分必要的。为了做出问题清单，我们需要认真观察要学习的内容，让问题尽可能丰富多样。

在展开多样对话的过程中，我们可以学习到深入、广泛思考的方法。

以我之前做的一个问题清单为例。

说闲话

　　从前,有一个犹太人爱在背后说他人的闲话。后来,他认识到自己的错误,请教拉比该如何弥补。拉比告诉他:"你去买一袋种子,找一片宽阔的土地,把种子撒在里面,然后过一周再来找我。"于是他按照拉比的话去做,一周后又回来找拉比了。结果拉比让他去把上周撒下的种子全都捡回来。听到拉比的话,犹太人愤慨地说:"那些种子都随风散落在地里的各个角落,我怎么可能再捡得回来呢?再说有很多种子已经被埋在土壤下面了呀!"拉比说:"这正是我想说的。你说他人闲话,会给他人造成恶劣影响,而且影响的范围会很广,给他人留下难以抚平的伤痛。"

问题清单:
闲话的定义究竟是什么?
为什么会有人爱说闲话?
闲话会给他人带来怎样的恶劣影响?
人们为什么爱听闲话?
我们到底能不能说别人的闲话?
闲话什么时候可以被允许?
为什么相比于听到别人被称赞,人们更爱听别人的闲话?
闲话都是从何而起的?
闲话会给人际关系带来什么影响?
动物也能听懂闲话吗?
闲话会让一切都变得不幸吗?

人们可以做到一辈子完全不说别人的闲话吗？

明明知道传闲话不好，人们为什么还是爱说闲话？

你有没有过因为被传闲话而导致人际关系变糟的经历？

闲话和谩骂的区别是什么？

有没有哪些夸奖的话听起来像是闲话，而有些闲话听起来又像是夸奖？

提到闲话，就一定要用批评的眼光去看它吗？

怎样做才能不传他人的闲话呢？

这个故事为什么要刻画爱传闲话的犹太人形象呢？

犹太人的上帝会如何评价传闲话这件事呢？

犹太人都擅长传闲话吗？

经常传别人闲话会给自己带来哪些麻烦呢？

闲话会害死人吗？

犹太人的上帝劝阻人们传闲话的根本原因是什么？

我也经常传闲话吗？为了克制这一点，我都做出过哪些努力？

每个人都有自己的缺点，尽管如此，大家为什么还爱抓住别人的弱点，到处说别人的闲话呢？

犹太人如何看待爱说闲话的人？

这个世界上为什么会存在闲话这种东西？

闲话会给幸福感带来怎样的影响？

当然，提问不止一个，在各种问题你来我往的过程中，更多的问题一定会衍生出来，海沃塔就是通过接连不断的提问来逐步加深探索真理的深度，提出的问题也会变得越来越多，这正是海沃塔学习的优势所在。不过，要想更深入地学习，光靠提问是不够的，提问者听到对方的回答后还需要给予尽可能真实的反馈，这样一来一往才会促成更好的发展。

我和另一个我的对话

每个人身体里都有另一个我,当想到和文本相关的问题后,我们紧接着一定想要寻找答案,因为问题总是会刺激我们的好奇心。虽然我们不一定能找到答案,但一个问题总归是需要有答案来解释的,这就和正负极相吸引是一个道理。问题和答案总是一对的,问题是自变量,答案是因变量,没有问题就没有答案。因为我们总是想要填补自己意识上的不足,才会不断地想要提问,持续地激发学习动机。

记得我最开始做提问训练的时候,喜欢同时把答案想出来。就以上述问题清单为例,我选几个问题回答一下。

问:为什么会有人爱说闲话?

答:说闲话会让人有一种快感。这种快感来自贬低他人、抬高自己的感觉。人们总是希望能高人一等,而不喜欢夸赞别人,好像说点别人的好话自己就会低人一等。所以说,闲话可以说是源自想要高人一等的傲慢心理。

问:提到闲话,就一定要用批评的眼光去看吗?

答:我不这样认为。在我看来,有人想要置我于不义或是刻意贬低我时,很有可能会说我的闲话。如果想要伤害一个人,与其直接辱骂他,在背后散布他的谣言会更简单方便。说人坏话或传闲话可以让人发泄情绪,体会到报复的快感。不过还有一种情况,就是让闲话传到做坏事的人耳中,让他知道自己做错了事,从这个角度来看,传闲话也可以成为一种督促大家自我反省的手段。

问：闲话会给幸福感带来怎样的影响？

答：闲话本身不会给幸福感带来什么积极影响，如果我因为讨厌一个人而去传他的闲话，最终只会导致他也反过来传我的闲话，说不定会形成报复的恶性循环。但人在传闲话的时候又会觉得幸福，因为它会让人感受到一种优越感，哪怕只是一小会儿。

当然，我们并没有必要总是这样自己想问题，再自己回答。在时间充裕的情况下，你可以偶尔这样试一下，体验一次终归还是不错的。有时，这种自问自答也可以起到自我反省的作用。

我和朋友的对话

关于和朋友的对话，准备好了问题就可以开始。先问哪些问题都没关系，可以顺向提问，也可以逆向提问。最好是先问最想问的问题，因为如果时间并不充裕，太多问题可能无法一一问出。以上面的问题"闲话会给幸福感带来怎样的影响？"为例，我之前向朋友提出过这个问题，我们两个的对话如下。

我：你觉得传闲话会给幸福感带来什么影响吗？

朋友：人在说闲话的那一刻会感受到一种优越感，当然也就会感到幸福。但如果一个人经常在背后说他人闲话，大家都会讨厌他。因为人们总是会不免担心："这个人会不会也在背后传我的闲话？"然后人们会对他产生厌烦心理。

我：嗯，我也同意你的观点。无论是喜欢说闲话的人，还是被人传闲话的人，从长远角度来看，都会变得不幸。尽管如此，为什么人们还是热衷于此，乐此不疲呢？

朋友：是呀。别说别人了，说实在的，我有时候也喜欢听别人说闲话，或者看别人模仿他人。有时候在酒桌上喝了点酒，我也会在别人背后嚼舌根。我们好像都有点劣根性，喜欢看别人出丑，并从中获得快感。

我：没错，是不是因为我们都有那种希望比别人高一等的心理，所以才会这么做？总是觉得要比别人强一点，哪怕就只有一点点，也是开心的。虽然传闲话在短期来看是自己获益，但从长远角度来看，它带来的损害也是显而易见的。

朋友：人们这种喜欢传闲话的劣根性究竟是从何而来的呢？

我：有一个拉比曾经说过，并没有"性本善"或者"性本恶"一说，无论是好的还是不好的特性，都不是与生俱来的，而是因为我们抵挡不住诱惑。禁不住诱惑是所有生命体的生存本能，因为所有生命体都趋利避害，希望能够得到对自己生存有利的各种条件，哪怕只是微不足道的一点点。人都希望不断向高处走，拥有更多东西。所以，当看到对自己有利的诱惑时，生命体都会本能地趋于顺从。

朋友：嗯，我觉得你说得有道理。传闲话也是有利于我们生存的本能，所以人们才会乐此不疲。

我：没错，通过传闲话，人们可以轻易评判他人，攻击他人的缺点和弱点，散播其负面消息，起到贬低他人的效果，以此凸显自己的优秀。因此，我们应该理解为传闲话对我们的生存条件有利，所以我们才会不自觉地陷入传闲话的诱惑里。当然，这也不是全部，事物之间有作用就一定会有反作用。这种通过灭他人志气来长自己威风的做法，往往会导致更加糟糕的后果。

朋友：在你看来，人们爱传闲话还有其他理由吗？

我：我觉得当人们遇到不公待遇或者受到委屈时，经常向自己的朋友倾诉，希望对方能听自己唠叨几句，这种时候会比较喜欢说闲话，其实也可以说是一种诉苦吧。

朋友：还真是这样。这种情况下的说闲话也不算是一件坏事，和朋友诉苦可以让自己心里舒服一些。这么看来，说闲话也是有很多积极作用的，还真是能让人感到幸福呢，哈哈！

我：话虽如此，但也不能逢人便说自己的委屈。如果是小事就找几个朋友商量一下，如果是情况严重的就找能够解决问题的律师。总之，还是不要到处说私人的纠葛比较好。

……

接下来再让朋友问一个想问的问题，按照这种形式反复展开对话即可。当然，有时候这种对话也可能会演变为争论，这时论题就显得格外重要，需要双方精确无误地抓准论题，否则论点有可能会变得模糊不清，两人也无法真正享受到争论的乐趣。下面我们一起来看一下论题及其形式。

论题是争论的主题。正如对话的主题是话题、讨论的主题是议题，争论的主题就是论题。论题一定要是类似"我是人""太阳是圆的"等肯定句。"我不是人""太阳不是圆形的"这样的否定句会让争论变得很难。因为对于否定句的论题，正方和反方很容易混淆，大家说着说着就会陷入混乱。除此之外，疑问句也不适合做论题，"我是人吗？""太阳是圆形的吗？"这样的句子并不能算是论题，而是一个问题。论题主要分为三类：事实论题、价值论题和政策论题。事实论题还会因时态的不同分为过去时事实论题、现在时事实论题和将来时事实论题。

下面，我们来看看事实论题的例子：

过去时事实论题：人类上过月球。
现在时事实论题：月球上有许多资源。
将来时事实论题：月球旅游线路即将上市。

接下来，我们再来看看价值论题。价值论题是评判其价值的论题。就以论题"这本书值得一读"为例，这句话其实包含了说话者对书的评价。那么关于该论题，就可以分为正方和反方，以此论题展开辩论。这种包含一定价值评判的论题就叫作价值论题。当然，它也会因时态的不同而分为过去时价值论题、现在时价值论题和将来时价值论题。

价值论题的例子如下：

过去时价值论题：人类登上月球是值得自豪的事情。
现在时价值论题：有些公司现在推出的月球旅游太贵了。
将来时价值论题：人类建设月球基地意义重大。

政策论题指的是敦促未来某种行动发生变化的论题，属于提出自己建议的一种论题，比如"今后需要更快速地推动IT技术发展""国家想要得到发展就一定要持续改革"。政策论题是"未来该怎么做"式的论题，因此只有将来时政策论题。

政策论题的例子如下:

政府应实施以太阳能为中心的能源政策。

和朋友们一起讨论学习总是会感悟到很多东西。有时,朋友会提出很多我们意想不到的问题,或是给出一个出乎意料的回答,让我们为之惊叹。当我们反驳后,朋友们会给出解释,听他们的解释后我们经常会发现,自己竟然被说服了,这说明自己的观点是存在漏洞的。通过对方提出的问题排查出自己观点的漏洞,并为此不断完善我们自己的想法,从这个角度来看,我们也会得到很大帮助。和朋友们一起讨论学习会让我们与文字的对话以及我们与自己的对话变得更加有深度,进一步挖掘出更多东西,帮助我们不断学到新的知识。

通过以上三个维度的沟通,我们就能获得许多智慧。到这里,大家也许会觉得海沃塔学习已经完备了,但其实还缺少了一个要素——老师。这里的老师不一定指在学校教书的老师,可以是某个领域的专家,或是能够提供帮助的人。无论以怎样的方式,这个人只要能够给予正确的建议即可。不过老师也没必要完全参与每个海沃塔话题,有时候只是单纯在一旁听着就足够了。当然,两人一组展开海沃塔对话时,不免会有解决不了的问题,这时就需要找老师帮忙答疑解惑,捋顺思路后,两人再开始海沃塔对话。

那么有人也许会问:与朋友们一起进行海沃塔学习之前需要做什么准备吗?这是一个很好的问题。通常在进行海沃塔学习之前,每个人要事先预习将讨论的文章内容,查阅些参考材料。总之,就是对即将学习的内容做好充足的准备。不预习就和朋友一起进行海沃塔学习是很不礼貌的，而且学习的程度也会很浅。为了能和朋友了解和挖掘更深刻的内容，一定要做好事前预习。

用这种方式来学习会获得十分显著的效果。独自学习时大概能掌握一半的内容，两个人在一起进行海沃塔学习能理解四分之三的内容，最后听老师讲课，可以把剩下的四分之一补全。如果还是觉得有所欠缺，可以课下找几个朋友，互相提问、回答，将困惑逐一击破。

一个人的预习，两个人的海沃塔，老师的课堂，课后的小团体，这四个阶段反复进行，不仅可以获得更具创造力的想法，还能记牢掌握到的知识，并且记得更久、更深刻。凡是按照这种方式学习的学生，哪怕过了很久，依旧能对学过的知识记忆犹新。

海沃塔学习以"文本""自我学习""与朋友一起学习"这三个维度相互作用，再加上老师的指导，就形成了一个完整的闭环。

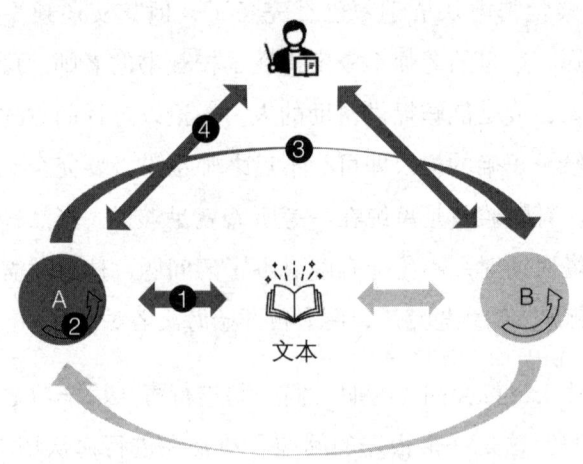

现在，通过这四个维度的对话，海沃塔学习就算完成了。

"带着善意的目光去看待他人",我认为这是对所有与我一起进行海沃塔学习的人,包括对朋友和老师的心态和态度。进行海沃塔学习之后我发现,没有人会比与我一起探索真理的朋友更珍贵。哪怕是他反对或是反驳我的意见,我都会认为他是在帮助我,绝非想要向我炫耀他的实力或是侮辱我,只有这样,在进行海沃塔对话或是讨论时,我们才不会有任何误会产生,也不会对我们的谈话内容感到有心理压力。老师也是一样,教学能力优秀的老师会让海沃塔学习更上一层楼。

TIPS

海沃塔的两大原理

海沃塔可以看作将大脑中的知识转化为语言的过程,也算是知识的输入和输出。相信大家都知道,要想将储存在我们大脑中的知识用语言表达出来并非易事,为了将这些内容转化为语言,我们必须将储存在大脑中的数据逻辑清晰地梳理出来。而这一认知过程是由另一个"我"来完成的,就是前面提到的元认知。海沃塔是一种最大限度发挥元认知作用的学习方法,其原理可以简单概述为以下两点。

第一,只有能解释清楚才算真正明白。我们想要测试自己是否真的了解某件事的时候,看看自己能否解释清楚便可得知。如果无法解释清楚,那说明我们还没有真正地理解。想要将学习过的内容解释清楚,需要我们条理清楚地将它们梳理出来,然后用语言表达出来。如果遇到卡住的地方,那就是我们还没有真正掌握的内容。

如果经常进行海沃塔学习，我们就会发现有很多需要解释说明的地方。为了能够回答朋友提出的问题或是更好地进行争论，我们需要不断地说服对方，这时就需要整合和分析各种各样的知识，我们的认知活动也会格外活跃。

第二，育人者学到的东西最多。 海沃塔学习通常要两个人一组，不可避免地，学生们会格外关心自己的搭档是谁。通常情况下，大家都希望和比自己更优秀的同学一组，最起码也要和自己水平相当的人一起学习。如果不巧碰上一个学习成绩不如自己的人，可能还会觉得有些小小的失望。因为很多人都会错误地认为"如果我的搭档是一个学习成绩一般的人，那么我们两个在一起只有我教他的份儿，我自己可能什么也学不到"，担心自己不会有长进。事实上，学到最多的人往往都是教别人的人。通常，教育者或是传授他人知识的人需要解释很多，因为他们要为学生答疑解惑。所以，一堂课下来，老师反而是学到东西最多的那个人。上课前，为了给学生们上好课，老师要做很多准备工作。上课时，在给学生讲课的过程中，老师不知不觉间会获得很多新的感悟，学到新的知识。因为学生很有可能会提出很多问题，回答这些问题本身也是一种学习。面对那些回答不上来的问题，老师也需要思考或是寻找答案，这也是一个学习的过程。所以，如果我们想学得好，就可以尝试多扮演老师的角色，去教会朋友更多东西。海沃塔学习法也鼓励大家互相提问、回答，以对话的形式去学习。在学习过程中，每个人都可能上一秒还是老师，下一秒就变为学生。

海沃塔的核心价值

卓越的创造力

为什么海沃塔能够产生如此好的学习效果？大概是因为它最大限度地利用了人类的元认知。在认知心理学中，和学习效率关联性最大的便是元认知。简单来说，元认知就是对于认知的认知、对于想法的想法。如果各位想要体验元认知，可以试着解释说明一样事物，就会明白我的意思。当一个人想要试着说明一样事物时，他需要对脑中的认知做一个有逻辑的排序。如果在这一梳理过程中遇到了问题，或是感到自相矛盾，他就无法对事物做出合理而清晰的解释。最常为他人做解释说明的人就是老师，这是他们的职责之一。老师是最常给他人授课的人，为了能给学生讲清楚课程，老师会在课前做好充足的准备，将讲义内容条理清晰地整理好，甚至把大部分讲义内容背下来，否则上课时会讲不清楚，或是在学生提问时回答不上来，那很有可能会被扣上能力不足的帽子。

曾有一位心理学家对元认知会起到怎样的效果做过实验。实验者将学生们分为A、B两组，让他们花同样的时间学习同样的内容。A组学生被告知这些内容是考试内容，B组学生被告知他们需要把这些内容教给他人。在规定的时间结束后，A组学生按照约定进行考试，B组学生则被告知，由于一些特殊原因，原本他们要教的学生无法参加考试，需要他们代为参加。虽然两组学生的学习时间相同，考试的题目也相同，考试结果却出现巨大差异——B组学生的成绩要比A组高出一大截。这还仅仅只是因为他们自己做了教学准备，如果他们已经教会其他人，那最终的结果是不是会更加出人意料呢？

实际上，学习效率的相关研究结果显示，教学要比单纯听讲取得的效果高出 18 倍。

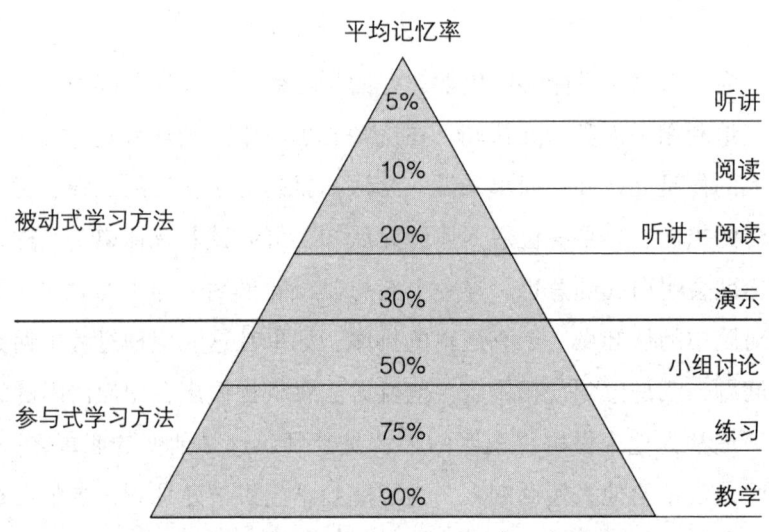

大多数人都是通过听讲的方式来学习的，相当于选择了平均记忆率最低的方法。相比于听老师讲课，犹太人更喜欢和自己的搭档采取以提问、对话和讨论为主的海沃塔学习法来学习，所以学习效率更高。即便是同样的学习时间，学习方法不同，其效果也有着天壤之别。这项研究再次表明，以和搭档互相教学为中心的海沃塔学习法才是学习效率最高的方法。

但这并不意味着老师的讲解就没有意义了，它还是十分必要的，只不过现在的问题是老师讲课的时间占据了大部分课堂时间。当然，如果在课前就和搭档进行了海沃塔学习，即使课上都由老师来讲课也无妨。

我在给学生讲《塔木德》或《妥拉》时，都尽可能给学生更多的时间进行海沃塔学习。如果一节课的时间是两个小时，我通常会拿出30分钟，让学生们2~3人一组，一起读课文内容，互相提问和回答，一起讨论。结束后我会提出问题，大家再集体讨论。如果遇到大家一起讨论还没能解决的问题，或是有无法理解的内容，我会鼓励学生向我提问，再由我来讲解。有时候，我会向学生们提出一些水平较高的问题，引导大家讨论，有时也会从学生们提出的问题中挑一些有讨论价值的，让大家一起动脑思考。这一部分内容结束后，我会让学生们两人一组搭档，对课文内容进行分析和讨论。由一个同学先阐明自己的观点，然后另一个同学来反驳其观点，并说明自己的理由。之后再调换顺序，由反驳的一方发表自己的观点，另一方再来进行反驳。一来一往之间，大脑会接收很多的信息和数据，学生们也可以练习随时输出的能力。在这一过程中，大家的学习效率明显提升，重要的知识点也会被牢牢记在脑中，甚至有可能产出更多具有创意的想法。

比如，在一个酷暑难耐的夏日，丈夫想要打开窗户通风，而妻子却担心外面会有虫子飞进来，两人的意见出现分歧。在这种情况下，丈夫只好和自己的妻子辩论一番。

丈夫：今天实在是太热了，只能打开窗通通风了。

妻子：不行，万一有虫子飞进来怎么办！多烦人呀，不许开窗。

丈夫：你别那么固执，就打开一小点，通通风。

妻子：都说了不可以，你非要让虫子飞进来，给自己添堵吗？

如果丈夫坚持要按照自己的想法把窗户打开，而妻子也毫不退让，最终的结果会是怎样的呢？开窗，妻子生气。不开窗，丈夫又会觉得委屈。最终两人间的氛围会变得怎样呢？结果显而易见——一方赢，一方输，局面会让两个人都不开心。而海沃塔式争论的结局就是拒绝零和博弈，争论的目的不在于一争高下，而是为了找到最佳的解决方法，换句话说，做到让两个人都满足的双赢。在这个问题中，无论是开窗或是关窗都不是最好的解决方案。这时候该怎么办呢？难道就不能找到让两个人都满意的方法吗？当然有呀——加一个纱窗不就可以了吗？当然了，现在家家户户都有纱窗，没有谁会再因为这种问题吵架。而之所以会有纱窗的出现，不正是因为过去没有它而引发了各种"战争"吗？总之，争论就是为了在出现问题时，找到双赢的解决方案。

在充斥着各种意见的情况下，海沃塔学习法的目的就在于找到第三种解决方法。而在课堂上利用这种方法，可以使学生们更加积极地沟通，也更加享受上课的过程，注意力自然会提高。试想一下，自己的意见可以和其他人的意见相融合，得出一种全新的想法，这样的课堂怎么会让人感到无聊呢？学生们会切实感受到学习是一件多么有趣的事情，学习将会变得不再枯燥乏味，即使没有大人监督，学生们也会沉浸在学习的海洋中，尽情感受探索真理的喜悦。

在两个小时的课堂里，我讲课的时间最长不超过30分钟。我会利用这段时间扩展课文中的内容，尽可能挖掘内容的深度。而我讲的内容也并不是为了给学生展示正确答案，而是帮助学生们拓展思路，让他们用更宽广的视角看待问题。

充满光辉的人性

海沃塔学习法不仅仅能帮助提升学习效率，还会更好地塑造人性。当我们评判一个人的心地时，最常见的评价方法便是看他是否与邻里友爱。这种爱心可以理解为是否能够设身处地地为他人考虑，懂得换位思考，帮助有困难的人。想要做到这一点，最重要的因素之一便是倾听。在人类的众多品性中，犹太人最看重的是谦逊这一品质，这个品质再怎么强调也不为过。有一位拉比曾说过："倾听是人类能做出的最伟大的亲切之举。"

在进行海沃塔学习时，不可避免地会有倾听的过程，因为只有认真倾听对方说的话才能做出适当的反应。反之，如果没有仔细听对方说话，对方也会清楚地感觉自己受到了冷遇或忽视。

我有一个朋友总是会认真倾听我所说的话，对此我经常感恩。因为在和他对话时，我会感受到我的价值，会想"原来我对他来说也很珍贵啊"。当我和他说话时，他永远不会东张西望，而是认真地看着我的眼睛听我诉说。这些反应都告诉我，他在认真听我说话。他的这些举动会让我非常感动，也会更加喜欢他。说实话，我从未见过有人像他这样善于倾听。对于这样一位珍贵的朋友，我真的觉得怎么夸奖都不为过。

一个人的人品如何，其实也能从他倾听别人说话时的态度窥探一二。假如我在说话时，对方不是在做其他事，就是和我东扯一句西扯一句，和我说的话驴唇不对马嘴，他在我这里当然只能得0分。试问，哪有人想和这样的朋友聊天呢！因为海沃塔是一种以对话为核心的学习方法，所以即使两个人一开始的关系一般，通过沟通和交流，他们的关系也会逐渐拉近。总之，很难想象一个善于倾听的人会不懂得体恤他人。

想要提高自己的倾听能力，可以试着做笔记，或是等对方说完话后简单概括其内容，并和对方确认自己的理解是否有误，这些都是很好的习惯。否则，如果有理解上的误区或是回答错误，双方都会感到尴尬。不断重复这样的过程，理解对方和回答对方问题的能力就会越来越强，也会变得更加享受对话。

简言之，海沃塔不仅极大地提升了学习效率，还通过倾听与对话让彼此的品格变得更加高尚。

第二部分 海沃塔讨论的基本模型

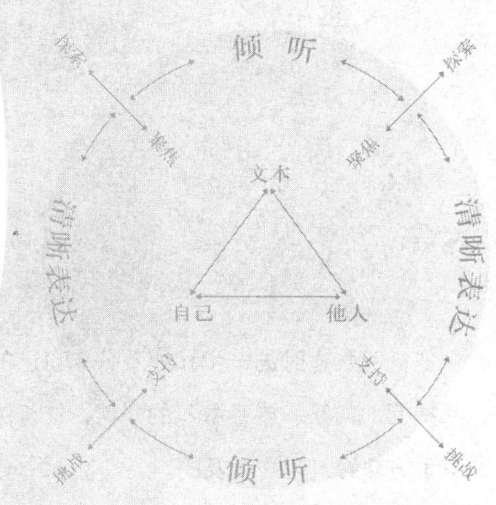

在自我表达时进一步和朋友分享自己的想法,并互相提问、回答、展开激烈的争论,这样的学习效果是其他方法绝对无法企及的。

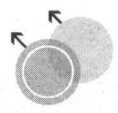

海沃塔讨论五阶段

海沃塔指的是两人一组就某一文本内容相互提问、说明并展开争论的一种学习方法。提问、说明、讨论,这些都是表现自我想法的方式。因此,这与仅仅通过上课听讲来学习是完全不同的。从学习者们可以积极讨论这一点来看,海沃塔能够实现让学习者直接参与的效果。

不同于被动听讲,海沃塔学习者可以积极主动地参与到整个课堂当中来。每个人都拿出自己掌握的智慧、知识,和朋友或搭档积极讨论,从而互相引导。有一些信息和想法的力量十分强大,能够影响他人的心智及行为。单单是互相交换信息就已经能够产生如此好的效果,如果是相互学习讨论,又将会给我们带来怎样巨大的改变呢?如果能将学来的知识转化为自己坚信的内容,那它将会成为一个人生命的一部分。

学习就是将信息、知识、想法、概念等内容为自己所用的一种行为活动。被动学习只会让学习效果大打折扣。那么究竟应该用怎样的方式来学习,才会获得最佳的效果呢?最好的方法便是通过提问、对话、解释说明和争论来表达自己的想法。甚至在一个人学习的时候,也可以试着说出自己的想法,这样能起到一定的学习效果。

因为要想用语言表达明白就一定要有元认知作为支撑。在自我表达时进一步和朋友分享自己的想法,并互相提问、回答、展开激烈的争论,这样的学习效果是其他方法绝对无法企及的。

我也是通过海沃塔学习法不断地将我的想法通过提问、解释和争论的方式展现出来,从而获得更多智慧,不断拓宽视野,获得更加深刻的洞察力的。

下面,我将聊一聊海沃塔学习法讨论的五个阶段的基本模型。大体上它可以被分为"理解"和"解读"两个维度。"理解"这一维度涉及"朗读+解释"和"提问+回答+讨论"这两个阶段,而"解读"部分主要包含"寻找主题+证据""支持"和"挑战"这三个阶段。

海沃塔学习法讨论五阶段的基本模型可以概括为如下表所示的内容。

阶段	说明	维度
1. 朗读 + 解释	学习者轮流朗读 + 解释文本内容	理解
2. 提问 + 回答 + 讨论	学习者互相对有疑问的部分提问,并相互做出回答和讨论	理解
3. 寻找主题 + 证据	学习者各自寻找文本的主题和证据	解读
4. 支持	学习者互相在文本中寻找能够支撑对方主题的依据,并进一步补充、支持其观点	解读
5. 挑战	学习者在文本中寻找能够反驳对方主张的证据,并互相就对方的观点进行反驳	解读

"理解"这一维度的主要目的就是理解文本内容,因此,需要以相互提问和解释说明为中心展开。所谓理解文本内容指的是能够对

关于文本内容提出的所有问题都给予充分的解释和说明。当然，谁都不可能有百分之百的把握弄清楚所有内容。在这一维度，学习者主要是向搭档提出自己的疑问并寻求解释，直到学习者心中的疑问得到回答。相互提问和回答在该维度是十分重要的，因为只有通过提问，才能夯实自己的理解。所以，我们绝对不能吝于提问。当然了，也许时间有限，不能一一问出所有疑问，但还是要尽可能地相互分享更多的问题，绝不能因寻找答案的过程过于烦琐，就忽略这一点。要知道，只有不断地解开疑问，获得满足感，人才会有动力终身学习下去。

在这里，我想要格外强调一点，那便是享受学习的乐趣。学习是一件需要能感受到乐趣才能继续下去的事情，我相信没人会否认这一点。自古以来，人们都认为如果想要坚持不懈地学习，就一定要在学习过程中感受到快乐。这种快乐大体可以分为两种，即外在的乐趣和领悟知识后的内在成就感。所谓外在的乐趣，指的是教育者为了让学习者不会感到无聊而引入一些外在的趣味要素。比如，以游戏的方式呈现学习内容，通过视频及音频等多媒体方式来提升学习过程中的趣味性。这种学习方式在一定程度上不会让学习者感到无聊，但这种方法也会让人产生疑问——这会对学习带来真正的帮助吗？首先，学习者一旦开始依赖外在因素所产生的学习乐趣，在日后的学习中，就需要更大的外界刺激才能持续有效的学习。否则，学习者会很容易感到无聊，无法集中精力学习。更有甚者，如果无法从外界刺激中感受到快乐，学习者可能会很快放弃学习。面对这些对外在刺激越来越上瘾的学习者，教育者真的能够做到始终满足他们吗？这种方式的学习终归具有局限性。要知道，学习过程中会遇到的困难不止一件两件，仅凭外在刺激来支撑学习的孩子，一旦感受不到乐趣，就会瞬间放弃学习。从这一角度来看，海沃塔学习法指的是从领悟一件事中感受到极致的快乐，而领悟的快乐应该是通过研究学习内容本身获得的。如果说外在的享受源于添加在食材中的调味剂，那么内在领悟的快乐，就来自食材的原汁原味。

相信我们在生活中都会遇到这样的场景：有人突然想明白一件事或是解开一个疑团时，会突然拍着大腿喊道"对呀！"——这种感受是其他快乐都无法替代的，而且这种快乐不会在瞬间结束。正是因为感受过这种极致的快乐，人们才会用一生的时间不断地去学习。实际上，学习带来的真正快乐并不来自外界要素，而是来自各种提问、讨论和钻研后的顿悟。正是因为海沃塔学习法能够给学习者带来内在的、精神上的愉悦，犹太人才会始终坚持海沃塔学习法。

概括来讲，学习要以充分理解为起点。如果对于一个事物连基本的理解都做不到，学习者是绝对不可能感受到乐趣的。不要在提问和讨论这件事上犯懒，当学习中遇到无法理解的内容时，不可以忽视或是糊弄过去。当自我查验遇到不懂的问题时，完全没有必要担心"我提出这样的问题，对方会怎样看我呀"。问题没有轻重之分，也没有好坏之分，所以被提问者也没必要用这样的标准去衡量对方的问题。哪有人在不了解一件事情并发出疑问时还能判断得了这是一个好问题还是坏问题呢？正是因为不懂，需要进一步了解和研究，所以才需要提问，这才是正确的思路。凡是为了理解一个内容而提出的问题都是正确的问题。从这样的角度来看，学习者是绝对不可以在提问这件事情上犹豫的。哪怕是因为时间不够充分而无法检验所有提出的问题，提问这一行为本身也是具有意义的，所以我希望学习者们都有刨根问底的精神，做到充分理解文本内容并相互交换意见。

"解读"指的是学习者对文本主题进行判断。换句话说，解读就是寻找一段内容究竟想要传达给读者怎样的信息。一段内容的主题是什么？作者为什么要写这样的内容？其意图是什么？相信每个读者都会有不同的解读。要想找到主题，就需要在内容中找出能够支撑观点的依据。紧接着双方再就对方的解读进入"支持"和"挑战"两个环节，这里特别要强调的是，"挑战"指的是争论，而"支持"则是站在对方的立场上思考问题。那么，为什么要在挑战之前先支持对方的观点呢？因为只有站在对方的立场上才能够更加理解对方的想法，仔细研究对方的想法会对争论起到举足轻重的作用。下面就让我们一起来看看海沃塔学习法是如何按顺序逐层推进的吧。

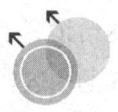

确定时间和地点

　　海沃塔是一种需要言语交流的学习方法，因此，对话是必不可少的。并不是必须要找一个非常安静的地点，我反而建议大家去一个没那么安静的场所，人比较多的咖啡厅就是一个不错的选择。因为只有周围环境相对嘈杂，大家在对话时才不会看周围人的眼色，可以轻松地畅所欲言。周遭环境过于安静反而对海沃塔学习不利，大家总会担心自己的声音过大，打扰到其他人，在学习过程中就会分心。在稍有杂音的环境中，人们也能听清对方所说的话，所以只要不是人声鼎沸的场所都可以。但如果选择在线上讨论，就需要创造一个相对安静的空间，不可以有其他的杂音或噪声，否则双方在对话过程中难以集中精力。

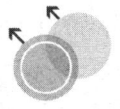

确定文本

当学习小组确定要进行海沃塔学习后,首先要做的事就是确定内容(文本)。大多数情况下,大家都会选择一本书作为讨论的内容,书也是海沃塔学习法最适用的载体。至于具体是选择整本书还是节选一本书的部分内容,这都无妨。如果是刚接触海沃塔的人,我会建议采用较短的文本,权当练习。要注意的是,文本内容不要太难,也不要过于简单。虽说要想挑出能够同时符合两个人水准的内容也不是一件易事,但还是应该两个人讨论着选取相对合适的内容。我认为选取理解难度为70%的文本最合适。如果难度过高,很难从中感受到学习的乐趣,而如果难度过低,也会因为没有成就感而失去研究的兴趣。当然,如果两个人能够达成一致意见,即便选取稍稍难一些的内容也是可以的。如果时间比较宽裕,能够做大量的准备工作,互相分享意见,选择类似于哲学的内容也是不错的。因为此类书籍的难度较大,就需要更多的参考材料来辅助学习。比如,可以找来一些字典、注释等资料放在一旁,遇到不懂的问题时就和搭档一起寻找答案,逐一解决。

一旦确定好文本内容,两个人就要各自提前预习,在一定程度上掌握要学习的内容。如有必要,可以提前阅读参考材料并熟知即将讨论的知识点。大家也可以针对自己想要了解的部分提前列好问题清单。认真阅读文本内容，思考行与行之间、句与句之间的含义，你自然会产生很多疑问。每当有疑问时，你就记在笔记本上，相信用不了多久，就会产生一个长长的问题清单。经过如此充分的事前准备，海沃塔学习过程将变得非常有趣。相反，如果丝毫不做准备就来进行海沃塔学习，不仅无法在规定的时间内充分讨论，也无法深刻理解其内容。要知道，是否进行细致且充分的预习，很大程度上会影响海沃塔学习的质量。不过话说回来，无论怎样，这种学习方式总归要比自己一个人学习更加有趣、更有效率。

下面是两人一组进行海沃塔讨论用的活动表格模板。

日期		老师	
地点		参与者	
文本	题目：		
1. 对文本（书）进行概括			

续表

2. 问题清单
3. 寻找主题 + 证据 　　主题： 　　证据：

接下来，两人一组正式开始海沃塔学习。两人无论是在线上讨论还是线下面对面学习，都可以先用较为轻松的话题来热身。轻松一点地互相问好，问一问彼此最近生活中发生了哪些趣事，以消除两人间的尴尬和隔阂。

为了方便大家理解，我们可以通过一个简单的文本内容作为事例来做说明。

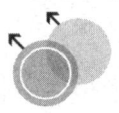

海沃塔实例

> **练　习**
>
> 题目：穷光蛋
>
> 很久以前，有一个穷光蛋，有一天，他突然变成了暴发户。
>
> 席勒给了他一匹马，还给了他一名马夫。
>
> 有一天，马夫突然消失了。
>
> 于是这个暴发户就学着马夫的样子，自己牵着马走了三天。

朗读 + 解释

在进行海沃塔学习时，要和同伴做的第一件事便是朗读文本内容并做出解释。朗读不仅有助于理解文本的含义，还能动一动嘴皮子，算是为海沃塔学习热身。首先由一个人逐字逐句地读出内容。

第一个人朗读结束后，第二个人可以像读舞台剧的剧本一般带着感情再次朗读。这样一来，听者将会更容易理解内容。虽然这是一件再自然不过的事，但我还是想要强调，如果能带着作者或是主人公的感情去朗读，呈现出的内容将更加立体。

有科学证据表明，大声朗读课文对理解课文内容有很大帮助。研究结果显示，人在出声朗读时，大脑的活跃度要比默读时高出20%~30%，因为人在默读时通常只需要用到眼睛，但如果是出声朗读，则需要用到眼睛、嘴、耳朵这三个器官，脑细胞的活跃度自然更高，对于获取知识也更加有帮助。其次，朗读还会不断地帮助人提升发音及发声能力。如果经常逐字逐句大声朗读，发音器官将变得更加灵活，口才也会变得更好。最后，朗读能够帮助我们更好地集中注意力。因为我们会同时用到声带、嘴和耳朵，大脑自然没空去想其他事情，只会完全将注意力放在朗读内容上，这将大幅提升学习效率。

在朗读结束后，两个人可以依次对朗读过的内容加以概括和说明。对于这一环节，两个人都不需要感到有压力，只要把自己记得的内容说出来就好，如果遇到记不清的内容可以先跳过。总之，只要能够流畅地对文本内容进行说明即可。反正通过海沃塔学习，最终会更加全面地了解文章的整体内容，所以不需要在刚开始的阶段就十分费力地想起所有内容。希望每个人都能在听到搭档的解释说明后，说一句"你真的很棒！"，以此互相鼓励。当然，如果两个人都对文本的某一部分内容十分感兴趣，即便没有记清楚，也可以在这一环节结束后再去仔细看一看原文。

解释说明示例

A：曾经有一个穷光蛋，有一天他突然变成了暴发户。席勒给了他一匹马，还给了他一名马夫。有一天，马夫突然消失了。于是这个暴发户就学着马夫的样子，自己牵着马走了三天。

B：从前，有一个十分贫穷的人突然变成了暴发户。席勒给了他一匹马和一名马夫。有一天，马夫不知道去了哪里。这个暴发户自己当起了马夫，牵着马走了三天。

提问 + 回答 + 讨论

第二个环节就需要两个人各自准备一个问题清单，清单可以在自己预习时就准备好，也可以两个人见面后再思考。如果每个人想10个问题，加起来一共就有20个问题。哪怕删掉重复的问题，最终大概也会得到10~15个问题。

A 的问题清单

- 穷光蛋是如何成为暴发户的？
- 文中所说的"很久以前"究竟是多久以前？
- 席勒究竟为什么会给这个暴发户一匹马和一名马夫呢？
- 马夫为什么会突然消失？
- 暴发户为什么不骑着马，而是牵着马呢？
- 之后席勒再听说暴发户的消息，会有怎样的反应？
- 暴发户原本要带着马和马夫去往哪里？为什么要去那里？
- 这里提到的三天有什么含义呢？
- 如果你是这个暴发户，你最想做的事是什么？
- 席勒是一个怎样的人？
- 马夫这样做是对的吗？

B 的问题清单

- 席勒和暴发户两个人是怎样的关系？
- 穷光蛋成为暴发户后，在思想和行动上会发生怎样的变化？
- 席勒为什么要给暴发户一匹马和一名马夫呢？
- 席勒给暴发户马和马夫，仿佛有意想要让他去往某处，这个地方究竟是哪里呢？
- 暴发户在马夫消失后为什么没有再去雇用一个新的马夫？
- 钱与暴发户之间的关系似乎与马和马夫之间的关系极为相像，由此能做出哪些推测呢？
- 穷光蛋变为暴发户后真的变得幸福了吗？幸福与金钱有什么关系？
- 穷人一夜暴富后的第一个烦恼会是什么？
- 马夫为什么会突然消失？
- 马夫回到席勒那里后，会和他说什么呢？

提问、回答及讨论的实际过程

当两个人都完成问题清单后，想要提问的人可以率先发问，也可以通过玩"石头、剪刀、布"来决定顺序。我建议两个人可以从自己理解较为困难的部分开始提问。不过，这里需要强调一点，绝对不要为了测试对方的能力而去提问题，而是真的遇到不懂的问题时再去提问。在面对对方的提问时，也要尽可能全面地将自己的想法说出来。当遇到自己也不清楚的问题时，最好也不要直接回答"我不知道"，哪怕真的是一些自己不清楚的内容，也要尽可能地先表达出自己现有的想法。如果遇到那些完全回答不上来的问题，可以利用手机或是电脑查询相关信息，最大限度地努力寻找出问题的答案。在这一过程中，双方还可能衍生出其他问题，可以继续互相提问。这个方法和思路是我一直以来所倡导的。

另外需要注意的是，两个搭档一起做这项工作时不能像考试答题一般看一题、答一题。这是什么意思呢？我们一般在考试时都会依次解答各种题目，读一题，答一题，紧接着再读一题，答一题。但海沃塔学习中的问答万万不可这样浮于表面，绝不要 A 抛出一个问题，B 来作答，A 再提出下一个问题，B 再继续回答，而是应该两人以一个问题为起点不断延展，拓宽讨论的内容。在海沃塔中，接连不断地提问和回答对理解文本内容至关重要，越是刨根问底越好。但也要注意不能故意为难对方，而是要温和、诚恳地发问。

简单来讲，就是 A 提问，B 回答（如果 B 没能理解问题，可以反问 A），A 听到 B 的回答后询问 B 为何会这样想，如果与自己的想法不一致则继续发问，以此层层递进，深入地进行海沃塔学习。

先由 A 向 B 提问。

A：席勒是一个怎样的人呢？

B：通过预习，我了解到席勒是犹太人最敬重的拉比之一。他生于公元前 110 年，卒于公元 10 年，享年足有 120 岁，也是距今 2100 年前的人物了。他因崇高的个人品格和修行备受犹太人的尊敬和喜爱。他功德卓著，以至于不必在他的名字前面再加"拉比"这样一个称号，加上反倒会有种低估其功德的感觉。

A：感谢你的解答。但我还有一个疑问，席勒为什么会出现在这篇文章中呢？

B：我也不太清楚，也许是因为这件事发生在席勒生活的地方，也许是他们那边出现了一个一夜暴富的人吧。

A：我也认为席勒和这个暴发户之前应该有什么关系。从席勒送给暴发户马和马夫这一点就能看出。如果两个人之前都不认识，他为什么要白白送这些东西给暴发户呢？

B：我也同意。我猜想，是不是席勒之前就很关心这个暴发户呀？他作为传授上帝箴言的拉比，一定是平时就比较照顾生活困难的人，所以才会在这段内容中出现。

A：没错，就算两个人没有血缘关系，不是亲戚，这个穷人此前也一定是席勒关注的对象，所以在穷人一夜暴富后，席勒才会更加关注。

B：是呀，原本一分钱都没有的人，一夜之间暴富，席勒应该很担心他吧？如果您也突然有了一大笔钱，会想做些什么呢？

A：我大概会先还清债吧。我之前欠下些债务，就像枷锁一样压得我喘不过气，我真的很想早日从这种压抑中逃脱出来。如果还能有剩下的钱，我想休息一段时间，也静下来思考一下自己想做什么事。之前为了还债，我马不停蹄地工作，从来没休息过。如果能突然有一笔钱，我想去旅行，还想多给孩子们点零花钱。不过，不知道您之前有没有听过这样一句话："如果因为中彩票而一夜暴富，之后的人生也许会更不好过。"

B：嗯，我听说过，就是传说中的"彩票诅咒"吧。听说之前英国BBC曾做过调查，发现中彩票大奖后有70%的人生活会变得更惨。

A：也就是说，还是会有30%的人会生活得更加幸福，对吧？

B：嗯，也有人之前对于这一点做过调查分析，发现了一个共同点——中彩票后生活变得更加幸福的人，都是拿出了一部分钱捐赠给了其他人。而生活不幸的那70%的人，大多是家庭内部为了争夺钱财而大打出手，家人反目成仇，更有甚者还牵扯到了人命。（以下

省略）

　　在进行海沃塔学习时，当然是提出越多的问题越好，这样会让人更加充分地理解内容。不过，如果两个人都认为讨论得已经足够，也可以适时停止。从上述的对话中可以看出，两个人的提问始于"席勒是怎样的人"，后面根据问答的内容不断延伸，话题也逐渐深入。

　　接下来再来看一下由 B 开始的问答。

　　B：我很好奇，席勒为什么要给这个暴发户一匹马还有一名马夫，您是怎么想的呢？

　　A：我也很想知道为什么。席勒是这个村子的拉比，也是统领整个村子的人。他是不是想用马和马夫引出关于钱的训诫，以此提醒这个穷人什么事呢？

　　B：关于钱的训诫……嗯，您的这个推论很不错。长久以来生活在穷苦困顿中的人，突然获得一大笔钱，乍一看会觉得是一件好事，殊不知这笔钱也可能会带来祸患。

　　A：钱变多了还会招致祸患？这是什么意思呢？

　　B：嗯，怎么说好呢？穷人可能并不知道该如何花这笔钱，毕竟这些钱不是他一点点积攒下来的。从天而降一笔巨款，并不代表着带来的都是好事，也许身边会有人盯上这笔钱，想着借钱，甚至想着抢走它，各种各样的危险因素都存在。在实际生活中，有很多彩票中奖者都会在中奖后立刻搬家或是更换电话号码。我记得之前看过一则新闻，说是有人中彩票的消息被传出去以后，有强盗入室抢劫。

　　A：您说得有道理，席勒的确像是在给他一些警告或训诫，但我没想明白这与马和马夫有什么关系。不知道您对此有什么想法呢？

B：嗯，虽然我也没完全想清楚二者之间的关系，但马和马夫与金钱和暴发户之间一定有着某种联系。我们再想想，马需要由马夫驯服，要想让马听马夫的话，那就一定要经过训练。这笔从天而降的巨款，就好比一匹未被驯服的野马……

A：还真的是呢。也许席勒这么做就是为了让暴发户看马夫如何驯服马匹，以此学习该如何利用好自己的钱，这样就说得通了。

B：嗯，不过话说回来，马夫驯马和暴发户花钱这两件事还是有本质上的不同，席勒也没有提醒或暗示暴发户要从中学习什么，我感觉暴发户可能也没领会到这一点。

A：您说的也有道理，怎么觉得这个事越来越绕了呢？但马夫又为什么会突然消失呢？

B：我猜是不是因为在暴发户那边受到了不公待遇？或者两个人吵架了？要么就是因为发生了什么事，所以马夫对暴发户怀恨在心，一气之下离开了。不过这些想法都无法在文本中找到任何依据，我们也不能妄下定论。只是从"突然"这个词中能感受到，一定是发生了什么事。

A：嗯，我也同意您的观点。另外还能推断出一点——马夫一定是和席勒提前商量好，中途抛下马和暴发户自己离开的。既然席勒决定送给他马和马夫，那就一定会选一个专业且懂马术的马夫，像马夫这样在中途突然消失，一定是席勒让他这样做的。换个思路，如果是马夫自己做主决定离开暴发户，那势必会把马也带走，不会自己一个人走掉。您想想，当时马是很贵的商品，他怎么会轻易丢下它呢？所以，我认为应该是马夫在某个深夜自己偷偷溜走了。

B：这可真是个好想法！我完全没想到这些呢……如果真如您所说，席勒事前已经和马夫商量好，那席勒为什么要这样做呢？对此您有什么见解吗？

A：在我看来，席勒应该是有意为之，故意想要给这个暴发户传达某种信息。不过，席勒究竟想告诉他什么呢？（以下省略）

两个人在开始讨论之前，最好提前做好时间规划，如果计划讨论 30 分钟，那么到时间就可以结束这一环节。当然，这也要看具体情况，如果进行海沃塔学习的整体时间都很充裕，自然可以延长前面的讨论时间。大家做一次就会知道，这种一问一答的讨论很耗时间，全情投入后会发现时间过得很快。随着话题的推进，两人会在对话中越陷越深，注意力会愈发集中，也会迸发出很多新的想法和创意，对话过程也会变得更加有趣。两个人带着各自的经验和智慧，在思想上不断碰撞，一定会产生更多智慧和知识的火花。

两个人各自准备的问题就在海沃塔学习一问一答的过程中被逐个解决，清单上的问题也会越来越少。在讨论的过程中，双方最好根据文章中的依据进行推测，即便是发挥想象力，也最好有对应的根据，这样得出的结论会更具合理性。

到这里，"理解"这一部分的内容就讲得差不多了。最后强调一下，理解是以文本内容为基础，以提问为中心，和搭档一起沟通、讨论的过程。通过问答交换彼此的想法，慢慢展开讨论，最终会发现自己能够更加深入地了解整个文本内容。

寻找主题 + 证据

首先，"寻找主题"的含义用一句话来概括就是"寻找文本内容想给读者传达怎样的信息"。经历过最开始的提问和讨论环节，充分理解文本内容后，就需要两个人找到合理的主题了。A 和 B 可以用 5~10 分钟各自思考一下，作者想给读者传达怎样的信息，在文本中找到并列举出能够支撑自己主题的相关证据。通常情况下，主题都是以论题的形式出现的。关于论题，我前文已经有过讲解，就不在这里赘述了。

找到能够支撑主题的证据越多越好。每个人还须做到能够用合理的解释去论证该证据的合理性。这个证据既可能是文本里已经给出的内容，也可能是根据合理的逻辑作出的一些推断。下面一起来看看 A 和 B 两人找到的主题和证据分别是什么。

A 找到的主题和证据

主题：人应该对自己的工作负责到底。

证据 1：有一天，马夫突然消失了。

证据 2：通过马夫突然消失这一举动，传递出暴发户内心的不安。马夫不打招呼就离开，暴发户该如何做才能驯服这匹马呢？他该有多害怕呀？

B 找到的主题和证据

主题：一夜暴富很危险。

证据 1：曾经有一个穷光蛋，有一天，他突然变成了暴发户（暴发户这个词本身就带有贬义色彩)。

证据2：席勒给了他一匹马和一名马夫，看起来是想要让他学会如何掌控自己的钱财。在席勒看来，天降横财对这个穷人来说不知是福是祸。

支　持

顾名思义，"支持"指的是在文本中找到能佐证对方主题的证据。比如，A根据自己的主题找到3个证据，B在此基础上额外再找到几个新的证据。如果A找到3个，B找到2个，相当于关于这个主题一共有5个证据可以支撑，由此一来，可以帮助对方更好地确认自己的主张。除此之外，A看到B还能帮自己找到自己目所不能及的证据，会对B心怀感激，也会增强对对方的理解。当然，B对于自己找到的证据也要有理有据地进行说明，如果A有不理解或不接受的部分也可以提出疑问，让B进一步解释说明。如果A还是无法接受B的证据，B可以再继续寻找其他证据，或是表明的确很难再找到其他依据支撑A的主题。到这里，A找到的主题算是探讨完毕。紧接着轮到针对B的主题用同样的方法进行这一过程。这样一来，两个搭档会探讨得格外深入，对彼此的观点也会有更进一步的理解。

下面我们一起看看双方支持对方找到的新证据。

A 找到的主题和证据

主题：人应该对自己的工作负责到底。

证据1：有一天，马夫突然消失了。

证据2：通过马夫突然消失这一举动，传递出暴发户内心的不安。马夫不打招呼就离开，暴发户该如何做才能驯服这匹马呢？他该有多害怕呀？

B 找到的新证据：暴发户在完全不会驯马的状态下，牵着马向前走了三天，通过最后一句话能够感受到暴发户的痛苦和不安。马夫真是太没有责任感了！

B 找到的主题和证据

主题：一夜暴富很危险。

证据1：曾经有一个穷光蛋，有一天，他突然变成了暴发户（暴发户这个词本身就带有贬义色彩）。

证据2：席勒给了他一匹马和一名马夫，看起来是想要让他学会如何掌控自己的钱财。在席勒看来，天降横财对这个穷人来说不知是福是祸。

A 找到的新证据：席勒将金钱与暴发户的关系比作马与马夫之间的关系，以此警告暴发户这笔意外之财的危险性。

挑 战

"挑战"也可以说是"争论",指的是支持某个主题和反对该主题的人之间展开的攻防论述战。此前,犹太箴言曾告诫犹太人"不要只听一方言论""在法庭上第一个发言者所说的话,大家总会觉得是正确的,但如果听完反方说的话,大家又会觉得好像反方说的也有道理"。一定要听双方都讲完,才知道谁对谁错。同理,在争论中想要得到正确结论,正方和反方的说法就都需要听一听,因为事实往往不会只在一方之中。人们往往有一种错觉,"我的想法一定是正确的"。如果没有对方站在相反的立场上审视我们的观点,我们一定会理所当然地以为我们看到的、想到的就是事情的全部。两个人各自为了自己的立场发生争论的过程,也是探索合理证据、相互推动得出结论的过程。

A 以文本为基础找到主题和佐证主题的相关证据,B 找到反驳 A 的证据,指出 A 提出的主题是有问题的,并给出说明。A 再找出证据指出 B 的反驳存在漏洞,为自己的主张作出辩护,然后 B 再对此进一步否定。总之,B 要最大限度地否定 A 的逻辑和主张。但在这一过程中切忌强词夺理,或为了在争论中占据上风而脱离文本信息。等到 B 对 A 的主题完全表达完否定后,两人再对调,由 A 来反驳 B 的主张。两个人需要对这场攻防战全情投入,立论—反驳—再证明—再反驳的过程越多越好。

接下来,我们看一看 A 和 B 之间的"挑战",也就是"争论",是如何展开的。

A 的主题、证据及 B 的反驳观点

A：我对这个文本内容的解读是"人应该对自己的工作负责到底"。主要根据有三点：第一点是从文本内容中可以得知马夫悄无声息地离开了，但从我们的基本认知来看，他起码应该在离开前和暴发户打声招呼。这只能证明马夫是一个毫无责任感的人。

第二点是一个相对没那么直接、更偏向推论的证据，即因为马夫突然消失导致暴发户的内心惶恐不安。马夫一声不吭地走掉，暴发户该有多惶恐呀！暴发户之前一直都是跟着马夫向前走的，马夫突然消失不见，暴发户一定十分不安。

第三点是基于文本最后一句推断出来的。暴发户在不会驯马的情况下牵着马向前走了三天，我们能感受到暴发户身心俱疲。这样看来，马夫实在是一个毫无责任感的人。我由此得出的结论是人应该对自己的事情负责，是自己的工作就应该认真负责到底。

如果 B 反驳 A 的主张，那就相当于站在了 A 的对立面，持与 A 不同的观点。两人一攻一守，展开不断深入的辩驳和讨论。

B：首先，我十分敬佩您能给出一个主题鲜明、分析缜密的论述，我也认为您的观点很有说服力。但我不认为单凭一句"有一天，马夫突然消失了"就可以下结论说"马夫是一个没有责任感的人"。他毕竟是席勒介绍过来的人，我们想想，席勒是谁？他是当时地位最高的拉比，也是直到现在犹太人还最为尊敬的人之一。再加上他还是暴发户所在村子的领导者，我认为他推荐的人一定不会不靠谱。

而且席勒作为拉比，一定会多关照生活困难的人，看到这个穷人一夜暴富，替他感到高兴还来不及呢，怎么会给他推荐一个不负责任的人，让他失望呢？我反倒认为席勒是为了给暴发户某些提醒

和训诫，比如不要太有贪欲等等，才会出此下策。席勒一定不会给暴发户一个毫无责任心的马夫。如果他的初衷真是如此，难道不担心日后被村子里的人知道这件事，坏了他的名声吗？从这个角度来看，席勒也一定不会给他胡乱介绍人。因此，我认为难以从文中的那句话里判断出马夫是个没有责任感的人。以上是我持反对意见的论述。

A 再次反驳 B

A：您的反驳也的确很有道理。通过对席勒的眼界和地位的判断，他的确不太可能给暴发户推荐一名毫无责任心的马夫。那么我们顺着这个思路继续向下推导。如果他是一名对工作负责的马夫，他突然消失，一定是因为在路上和暴发户产生了一些矛盾，因此对暴发户心怀不满，想让暴发户独自一人吃点苦头，所以才默不作声地离开。

B：是的，这很有可能。那麻烦您再继续推测一下，两人究竟发生了怎样的矛盾，才会让马夫一气之下离开呢？我在文本中没能找到对应的线索。

A：我在想，两人的矛盾是不是源自暴发户的想法呢？他在没有马夫的情况下牵着马继续走了三天，看起来他似乎是不太懂得如何花钱。他那么富有，明明可以再雇用一个马夫帮他驯马，或者干脆把马卖掉。但他都没有想到这些方法，而是辛辛苦苦地拉着马走了三天三夜。我认为他应该是长久以来过惯了穷苦的日子，所以在花钱这件事上也会比较吝啬。大抵是马夫在路程中提出想要什么东西，但暴发户却没给他买，所以马夫才会心怀不满。

B：听您这样分析，的确不排除有这种可能。但如果马夫是一个有责任感的人，他应该会坦坦荡荡地和暴发户说出自己内心的不满，而不是小心眼地报复他。这太不像是席勒推荐的人了。

除此之外，您刚才觉得暴发户是一个不懂得如何花钱的人，我不太认同这个观点。连小学生都知道怎么花钱买东西，他一个成年人会不知道吗？我反而觉得他可能是一个十分节俭的人。不是全天下的有钱人都出手阔绰，有些富人越是有钱越吝啬。会不会是因为这匹马是席勒给他的，所以他才没有卖掉？马匹的所有权虽然在暴发户手中，但赠予者是他十分尊敬的拉比席勒，所以他也不会想要把马卖掉换钱。这样看，暴发户还是一个重情义的人呢。

A：好的，感谢您的发言。听您这样讲，暴发户的确不像是一个不厚道的人。那么究竟席勒想要传达什么信息呢？我真的太好奇了。

（以下略）

随着 A 和 B 之间展开多轮互相反驳和争论，越来越多我们之前没想到的问题和内容浮出水面。脑科学家也曾说过，人在竞争时脑细胞会极为活跃，迸发出很多新创意。实际上，争论也是一种游戏。战争时期的科学技术之所以会显著发展，也是因为各国之间的竞争刺激出来的。当然，争论的最终目的并不在于一争高下，一定要比出个胜负，但在这种紧张感中争论，往往会获得更加犀利的洞察。两个人关注的焦点应该是谁能得出更合理的想法。

接下来两人互换，轮到 A 来反驳 B 了。

B 的主题、证据及 A 的反驳观点

B：我认为这段文本的主题是"一夜暴富很危险"。第一个证据

便是文中提到的那句"有一个穷光蛋,有一天,他突然变成了暴发户",我认为"暴发户"这个词本身就带有贬义色彩,相比于勤勤恳恳靠自己的努力致富的有钱人,暴发户也许没那么受人尊敬。

这样看来,暴发户周围应该有很多人试图用不正当的手段从他手里抢夺钱财,从这个角度来看,这也是一件十分危险的事。

第二个证据是"席勒给了他一匹马,还给了他一名马夫",从这句话中可以了解到,席勒可能是想要教会暴发户正确使用金钱的方法,他认为突如其来的金钱可能会带来危险。这里的危险不单指强盗或是小偷可能会把暴发户的这笔钱抢走,也包括这笔钱可能会对暴发户有害。通常情况下,财富要经过勤勤恳恳地劳动才能获得。但暴发户丝毫没有付出努力就得到了这笔钱,他很有可能会变得蔑视劳动的意义和价值。不仅如此,如果这笔钱不是通过自己的双手努力换来的,他也会很难守住它。过度消费和冲动消费都会让这笔钱轻而易举地被挥霍掉。所以,我认为,这是席勒在提醒他,他在成为暴发户之前也曾经吃过苦。席勒想通过这样的方法唤醒他过去的记忆。

第三个证据就是席勒通过金钱与暴发户之间的关系对比马与马夫之间的关系,来警告天上掉馅饼的危险性。马夫是驯马和照料马的人,所以他有能力做到随时召唤马,并按照自己内心的想法去控制马。但暴发户此前的生活都十分穷困,手里从来没有拿过这么多钱,自然也不懂该如何花钱,因此很可能会因为内心的欲望导致无法掌控这笔钱。从这个层面来看,席勒也许是担心暴发户不但不会成为这笔钱的主人,反而会成为它的奴隶。

在听过 B 的主张后,A 开始对其进行反驳。

A:首先,说这个穷人不懂得如何花钱是毫无根据的。我认为,无论他之前多么贫穷，都不会不懂得花钱。也许很久以前他是个大富商呢，只不过是因为生意失败而陷入窘境，何来根据说他是一个生来贫穷的人呢？即使他现在是一个十分贫穷的人，也需要根据其以往的经验进行判断。之前曾有人做过调查，在那些因中彩票而获得一大笔钱的人里，也有很多曾经很富有的人，所以他们即使中了彩票大奖也不会出太大问题。

因为您的第二个证据也是基于"这个穷人不懂得如何掌控钱"的前提得出的，所以我认为它与第一个证据一样，不足以说明什么。第三个证据也是如此，所以我无法表示认同。另外，对于把"金钱与暴发户之间的关系"比作"马与马夫之间的关系"这一点，我也不太理解。我并不认为这笔钱是用来让暴发户练习该如何掌控金钱的。这个世上有几个人能真正做到驾驭好金钱并为我所用呢？归根结底，钱总归会与欲望相关联，即便是已经拥有很多钱但还是觉得自己很穷并且十分吝啬的有钱人也不在少数。在我看来，能真正驾驭好金钱的人少之又少。所以我不太认同席勒是为了锻炼暴发户成为金钱的主人，才给了他马和马夫。

B：您反驳得很漂亮，我也充分理解您刚才表达的内容和立场。但我之所以判断席勒这样做的意图是想要让暴发户成为钱的主人，也是有一定依据的。首先就是原文第一句话是这样说的："很久以前，有一个穷光蛋，有一天，他突然变成了暴发户。"我们来看一下这句话的感情色彩，它是以"很久以前，有一个穷光蛋"为开始的，而"穷光蛋"这个词本身就有贬义色彩。为什么作者没有写"一个贫穷的人"，而是一定要用"穷光蛋"这个词来贬低主人公呢？"穷光蛋"这个词难道不是用来形容真的十分贫穷甚至吃了上顿没下顿的人吗？按理说，席勒应该更加关照他们才是。因此，在席勒看来，天降巨财对于穷苦之人来说未必是一件好事，所以席勒将马和马夫送给这个暴发户，一定是想要传达某种信息。从文章的句子顺序中也能看出，先是"很久以前，有一个穷光蛋，有一天，他突然变成了暴发户"，紧接着，"席勒给了他一匹马，还给了他一名马夫"，由此可以看出，席勒对于这个穷人一夜暴富十分担忧。另外，您刚才说不赞同席勒是想将马与马夫的关系比作钱和暴发户之间的关系，但我还是想要坚持这个观点。我认为暴发户学会如何使用金钱就如同马夫驯服马儿一样。当然，这里的训练也许针对的不是钱本身，而指的是他锻炼自己的能力。席勒希望他学会不被金钱所累，而是要从中获得自由。因为对于很多人来说，突如其来的巨款很有可能会束缚住自由，让人深陷其中无法自拔。我认为，贫穷许久的人一定对金钱无比渴望。这好比是口渴许久的人，见到水以后一定会咕咚咕咚地大口喝水。试想一下，吃苦挨饿了这么久的人，见到一大笔钱后会不会盲目挥霍呢？

A：那么您认为该如何做才能摆脱对金钱的执念，成为金钱的主人呢？

B：我觉得想要摆脱对金钱的执念，需要练习"让钱来去自由"。想要让一根弯曲的铁丝重新变直，就需要向铁丝弯曲的反方向用力。每当想要拥有更多钱的时候，就将钱捐赠给生活困苦的穷人。我猜席勒大概是想要教给他这个道理吧。

A：感谢您的回答，我对您说的很多内容也深表赞同。那么您觉得马夫消失后暴发户牵着马走了三天，这又意味着什么呢？

B：这的确不好下定论，但我认为席勒是为了教会暴发户一些道理，所以才和马夫一起策划了这个事件。

A：是呀，我也觉得想要理解整个故事，还是存在很多难题。这段文章不过4句话，却很难让人完全了解作者的用意，我们再请教《塔木德》的专家为我们做详细的讲解吧。

至此,"朗读—提问—寻找证据—支持—挑战"的海沃塔讨论五阶段的模型基本介绍完毕,大家也可以把它们看作是海沃塔学习法的基本过程。正如我在第一章所提到的,在学校或培训班都可以开展海沃塔学习,老师和学生们都可以共同参与。老师作为引导者,可以带领学生们更加集中、深入地进行海沃塔学习,在课上给学生们提供更多具有洞察力的智慧。

第三部分 海沃塔的应用

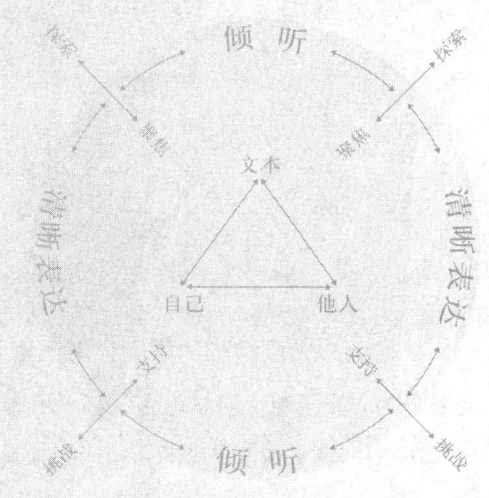

根据组成人员结构的不同，海沃塔学习法大体可被分为"亲子海沃塔学习法"和"团体海沃塔学习法"。一对一家庭海沃塔学习法对于很多家庭来说都不难，父母和孩子有空时可就孩子在学校里学习的内容展开讨论。这项学习活动可以在晚餐的餐桌上进行。

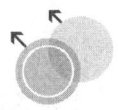

亲子海沃塔

一对一家庭海沃塔是指父母和孩子共同学习。每当提到学习，我们总是会想起孩子们在学校里接受的课程，但对于犹太人来说，父母和子女一起在家学习的过程和内容才是最棒的，因为他们相信真正的学习一定源自家庭。在一般的学校里，老师们通常只要给学生们传递或灌输一些知识即可，但在家却不是这样的。学生们在学校只有听老师讲的份儿，俗话说"唯有生活教会我们的才能够留下"，而学校里的老师只能用言语而非生活来教育孩子。

良好的人品需要通过一致的言行来教导，人性的核心就是真实。如果学校无法做到帮助孩子养成正确的价值观，那该怎么办呢？难道孩子们就无法养成良好的品德吗？不是的！还有家庭呀。那些在学校里无法实现的事在家里都能做到。犹太人把家当作孩子人生中的第一个学校，父母则是孩子的第一任老师。父母和孩子一直生活在一个空间里，父母的一举一动都会被孩子看在眼里，可以起到言传身教的作用。父母不仅可以用言语教育孩子，还可以随时随地用实际行动向孩子们证明自己说过的话。

犹太人认为人生的第一所学校是家庭，父母每天晚上吃晚饭时都会和孩子们在餐桌上互相提问、讨论问题。调查结果显示，越是在餐桌上对话活跃的家庭，孩子的成绩也会越好。教育专家也表示，犹太人之所以人才辈出，其秘诀正是每晚餐桌上的对话及讨论。

下面我就来给大家举几个父母与子女之间进行一对一家庭海沃塔的例子。在正式开始之前，还希望大家能够注意以下几点。

要像做游戏一样开展亲子海沃塔学习

大家可以像陪孩子玩游戏那样跟孩子一起开始海沃塔学习。实际上，学习与游戏的差异不过在于是否有目标。学习的目标是很明确的，所以主导权应该在父母那里。但游戏不存在目标，因为玩本身就是这个活动的目的。因此，父母和孩子可以就一段内容畅所欲言，想提什么问题便提什么问题。甚至充当老师角色的父母都不一定要教给孩子什么东西，而应把学习的主导权交给孩子。提到海沃塔，很多时候父母认为应教给孩子一些内容，但这样孩子会觉得很有负担，学习海沃塔就成了一件煎熬的事，从某种程度来说这样就是失败了。如果孩子还没有上小学，我希望各位家长能够像玩语言游戏一样带孩子进行海沃塔学习。对于刚刚接触海沃塔的孩子来说，这种方法的确有一些难度，但渐渐熟悉后，他们就能够感受到像玩游戏一样的乐趣。父母应该将这场游戏的主导权交给孩子，跟着孩子的思路走。当然，跟孩子一起开展海沃塔学习前，父母要能熟练运用海沃塔。有必要的话还可以提前训练孩子提问和讨论的能力。对于在上幼儿园和读小学的孩子们来说，这个阶段正是疑问最多的时候，所以父母们没必要让他们一定学什么，只需要让他们读完内容，跟着他们的问题走就好。

帮助孩子成长为一个善于提问的人

海沃塔学习始于提问。如果没有问题，海沃塔是无论如何也进行不下去的。如果您的孩子十分善于提问，您应该感到骄傲，因为这证明孩子是十分适合海沃塔学习的。如果孩子不太会提问，家长可以尝试多引导孩子，训练他们这方面的能力。每当孩子提问时，多以"嗯，真是一个好问题""这个问题问得真好"来鼓励孩子，这样才能让孩子毫无顾虑地不断提出问题。哪怕是孩子提出了一些毫无意义、天马行空甚至有些奇怪的问题，家长也不要吝惜夸赞，只有这样才能帮助孩子成长为一个善于提问的人。如果父母能够做到在孩子回答问题时认真倾听，并针对一些具体的内容夸奖孩子，那更是锦上添花了。相比于只是一味地说"真不错""你真棒"，如果父母能说出"你刚才关于×××的回答真的很厉害""在你刚才提出的问题中，这一点真不错"等有具体内容的夸奖，其意义将更加深远。这个世上哪有人不喜欢被称赞呢？俗话说，鲸鱼听了赞美的话都要欢喜地跃出水面，更何况人呢！

如果家里不止一个孩子，最好进行一对一海沃塔学习

如果家里不止一个孩子，可以妈妈和爸爸各自带一个。当然，让孩子们聚在一起讨论不是不可以，但相比之下，爸爸妈妈各自负责一个，两两一组进行海沃塔更好。因为海沃塔学习需要孩子说出自己内心的想法，如果和自己的兄弟姐妹们一起学习，他们难免要看兄弟姐妹们的脸色，有时会无法随心所欲地表达自己内心的想法。除此之外，父母们还应该考虑的一点是，孩子和自己的兄弟姐妹一

起学习很容易产生竞争心理，这种竞争心理很可能给他们带来伤害。所以，父母最好还是尽可能地让孩子们分开进行海沃塔学习。另外还想强调一点，要想让孩子们能够更放心地开展海沃塔学习，父母最好对和孩子之间的谈话严格保密。至于时长，一般情况下，30~60分钟最为合适，但如果孩子对当天的内容感兴趣，时间长一点也无妨。如果实在没办法，必须同时带一个以上的孩子进行海沃塔学习的话，讲话时一定要小心、慎重，绝对不可以拿孩子们做比较，也不能在一个孩子面前训斥另一个孩子，因为这会让孩子觉得自己在兄弟姐妹面前丢了面子，很容易让他们感到羞耻，伤到孩子的自尊心。对于这一点，父母们需要格外注意。

在教育方针上，爸爸和妈妈要尽可能做到统一

举一个例子，在进行海沃塔学习时，父母带孩子讨论关于"是否可以说谎"的话题。如果妈妈告诉孩子"必要时可以说谎"，而爸爸又告诉孩子"无论怎样都不可以说谎"，孩子就会糊涂，不知道应该听谁的。对于这种情况，要么爸爸妈妈统一意见，向孩子输出一致的观点，要么各自向孩子解释清楚自己为什么持这样的观点，需要有足够的理论支撑。如果爸爸妈妈各执己见、各自输出自己的观点后就结束了，孩子心中会产生疑惑。爸爸妈妈可以进一步举例，妈妈的观点可能是"为了保住性命、维护和平，必要时可以偶尔说谎"，而爸爸的观点则是"不管遇到什么情况，说谎都是很恶劣的举动，经常说谎会让人养成坏习惯，所以要尽可能地自我克制，不管是为了保住性命还是维护和平，都应该另寻他法"。或者等到家庭聚会时，全家人对这个话题展开一番讨论，也不失为一种好方法。

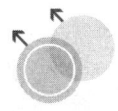

亲子海沃塔实例

如果孩子第一次接触海沃塔学习,家长需要给孩子详细解释海沃塔学习法。在学习具体的文本之前,家长需要培养孩子解释、提问、寻找主题及证据、支撑论点及挑战论点的能力。对于那些经常进行海沃塔学习的孩子来说,家长就不用格外在这些事上费心了。总之,最重要的就是带着孩子像做游戏一般享受海沃塔学习的乐趣。

下面是一位妈妈带着已经上小学的儿子(10岁)进行海沃塔学习时整理的表格。两个人选择的学习文本也是孩子爱看的童话故事。

一对一家庭海沃塔学习顺序

阶段	说明	维度
1. 朗读 + 解释	学习者轮流朗读 + 解释文本内容	理解
2. 提问 + 回答 + 讨论	学习者相互对有疑问的部分提问,并相互回答、讨论	理解
3. 寻找主题 + 证据	学习者各自寻找文本的主题和证据	解读
4. 支持	学习者互相在文本中寻找能够支撑对方主题的证据,进一步补充,支持其观点	解读
5. 挑战	学习者在文本中寻找能够反驳对方主张的证据,并互相就对方的观点进行反驳	解读

按照上述顺序，妈妈和孩子一起开始了海沃塔学习，所用的文本如下所示。

《第七个人》

某位拉比说："请六个人明天来这里，我们一起解决这个问题。"第二天早上却发现来了七个人，多了一位没有受到邀请的人。看到这位不请自来的人，拉比对大家说道："现在，这里有一位对我们毫无帮助的人，请尽快离开。"没想到拉比说完这句话后，能力最强的人竟然一下子站起来离开了。

朗读 + 解释

首先让孩子出声朗读文本内容，紧接着妈妈可以带着人物的情感再朗读一次文本。两次朗读之后，让孩子在不看文本的情况下对文本内容进行复述。

孩子的复述：

曾经有一位拉比，他召集六个人第二天早上聚在一起，来解决某个问题，第二天早上却来了七个人。拉比为了让多余的那个人离开，于是说"请不需要参会的人离开"，结果最聪明的那个人一下子站起来离开了。

妈妈最好能够在孩子复述后给予称赞和鼓励。接下来,该轮到妈妈复述故事内容了。

妈妈的复述:

从前,有一位拉比,他可能是有什么问题需要解决,于是和大家说:"请六位明天来这里,我们一起解决这个问题。"结果,第二天一早,拉比发现来了七个人。有些吃惊的拉比想让本不该来的那位离开,便说:"对我们毫无帮助的人,请尽快离开。"但没想到,反而是必须在场的那个最厉害的人突然站起来走掉了。

提问 + 回答 + 讨论

接下来就是妈妈和孩子从文本中选取问题,然后互相问答就可以了。下面我们一起来看看妈妈和孩子准备的问题清单。

妈妈的问题清单

- 所有人都觉得必须在场的那个有才能的人,他为什么会离开呢?
- 为什么其他人没有选择离开呢?
- 为什么那个没有必要在场的人还坐在那里呢?
- 拉比为什么一定要坚持找六个人呢?
- 拉比会留下那个站起来要离开的人吗?

孩子的问题清单

- 看到那个有才能的人站起来离开时，拉比的心情是怎样的呢？
- 拉比明明可以直接说出那个不应该在场的人的名字，点名让他离开，但拉比为什么没有这样做呢？
- 如果那个没必要在场的人听了拉比的话后自己主动离开，他离开时的心情又是怎样的呢？

提问、回答及讨论的实际过程

在妈妈和孩子都列好问题清单后，最好先以孩子的问题清单为主，先解决孩子的问题。这样更能提升孩子的学习积极性，也能让孩子感受到妈妈对自己的重视和照顾——"妈妈先帮我解决了问题"，这能让孩子更好地投入海沃塔学习当中。

孩子先向妈妈提问，不一定非要按照问题清单的顺序，可以从自己最好奇的问题开始提问。以下是孩子和妈妈相互问答的示例。

孩子：妈妈，听到拉比这样说，我认为那个觉得自己没必要在场的人离开就可以，并没有什么大问题。但仔细想想，拉比的话听起来的确让人觉得有些不舒服。"对我们毫无帮助的人"，这种话任谁听来都会有些难以接受。因为当这个人站起来的那一瞬间，相当于他承认了"我就是那个没用的人"。世界上哪会有人愿意承认自己是个没用的人呢？当然，这个人可能也是误打误撞来到这里的。如果是这种情况，这个走错地方的人只要站起来说一句"不好意思，原来是我来错地方了"，然后离开就可以，也不会伤到自己的自尊心。这就相当于是一节数学课堂上来了一个学英语的学生，大家都知道他走错了地方。这时,如果老师说"请和本节课无关的人离开教室",这个学生只需要站起来说一句"抱歉",并离开教室就好。不过很显然,文本中的情况并不是这样的。

妈妈: 还真是这样呢,妈妈也认为,出现在这里的人一定都是有自信能解决这个问题的人。孩子,你的想象力很丰富呢!妈妈都没想到你刚才说的这些。听你这样说,的确有可能是有人不小心来到了这里……

孩子: 我一开始和妈妈也有同样的想法,但仔细想想,就算是来了一个陌生人,拉比不知道他的名字,但也可以用手指着他,示意他离开。但拉比并没有这样做,反而是说了一句"对我们毫无帮助的人,请尽快离开",相信不管是谁听了这句话都不会轻易离开吧,因为离开就代表承认了自己的无能。

妈妈: 啊,所以你认为离开的人会觉得很丢脸是不是?

孩子: 那倒也不是,因为在场的几个人也没办法互相比较出实力高低。说实话,估计大家面面相觑,谁也不知道自己该不该离开。

妈妈: 看来是拉比没有把话说清楚,他要是直接点名让那个人离开就好了。

孩子: 妈妈,也不完全是那样的。如果拉比直接点名,那个人一定会觉得自己受到了侮辱。我猜拉比之所以这么做,也是不想让那个人下不来台。

妈妈: 哦,你说得也对。不过为什么会是最有实力的那个人离开了呢?

孩子: 是呀,我也觉得奇怪。他的做法和拉比的用意完全不同,他这样做很有可能是想让这场讨论泡汤。最能帮助解决问题的人都离开了,这个会议还有什么意义呢?

妈妈: 妈妈和你的想法一样。我猜这个人离开后,在场的其他人应该都会很惊慌吧，尤其是拉比，他明明希望是那个没有能力的人离开，没想到反而是最有才能的人离开。

孩子：是呀，不过我觉得通过这段文字就能看出来，《塔木德》的故事很有趣呀，看起来有些奇怪的故事内容，肯定是想给我们传达一些道理。

妈妈：你觉得是什么样的道理呢？我还没有什么想法。你能给妈妈讲讲你是怎么想的吗？

孩子：有才能的人突然离开，拉比一定十分慌张。我觉得拉比应该把他拦住，然后跟大家说一句："刚才我说'现在，这里有一位对我们毫无帮助的人，请尽快离开'，这的确是我的失误，还请大家见谅。"

妈妈：哦，原来是这样呀，我也觉得拉比应该这样做。这么说来，这个人的离开提醒拉比这样说话不妥当。

孩子：是呀，所以我觉得拉比说话应该更谨慎一些，让人产生羞耻感是不对的。而且他这么说，相当于羞辱了在场所有人。

妈妈：那为什么那个有能力的人要背负这种屈辱感离开呢？

孩子：我觉得那个最有能力的人一定不在乎这些。既然他的能力强是大家公认的，那他离开自然也不会被大家认为他的能力有问题，也不会给他造成什么负担。

妈妈：天啊，你真是太厉害了，你是怎么想到这些的？妈妈太吃惊了。你说得没错，选择离开的人一定不会感到自己被侮辱了，也不会担心大家觉得他没能力，所以二话不说就离开了。

孩子：没错，因为相比较而言，他的能力超过在座所有人。如果其他人离开，拉比一定不会阻拦，那就等于这个离开的人坐实了自己是个能力不足的人，受到了侮辱。以后再有这样的场合，他也不会再来了。可以想象，当一个人认为受到侮辱时，他的自尊心也一定会受到伤害。

妈妈：我认为这个离开的人一定是为了保护其他人，让其他人不受到伤害。反正大家都了解他是一个能力很强的人，离开也不会受到侮辱，所以选择了离开。

孩子：哇，妈妈，你的这个想法好厉害哦。没错，他保护了其他人呢。

妈妈：是不是可以说，离开的人是为了保护其他人，反正他是能力最强的，而如果是其他人离开，就会被大家认为是能力不够，对不对？

孩子：我觉得是这样的，对于其他人来说这个决定可能比较艰难，但对有能力的人来说，这并不算什么事。即使离开，也不会颜面扫地，反而会被大家称赞是个谦虚的人。

妈妈：伤自尊可真的不是一件好事，对不对？

孩子：对呀，还记得之前有一次上课，我不小心放了个屁，结果周围的同学都盯着我看。我当时简直羞死了，没想到我同桌却说"对不起，我一下没忍住……"，让大家以为是他放了屁。多亏了他的帮忙，我才没那么丢脸。不过让人家替我背锅，我感到很抱歉。后来我问他为什么要这么做，他却说："放屁又怎么了？谁没有放过？而且大家也不是故意的。"他这么轻描淡写地看待这件事，让我特别吃惊。之前只知道我同桌学习好，没想到他还是个这么酷的人。

妈妈：还有过这样的事呢？你这位同桌真了不起。一般人遇到这情况想逃还来不及呢，他却帮你解围，真是一位很好的朋友。

（以下省略）

接下来轮到妈妈提问。

妈妈：妈妈想问的问题呢，其实刚才通过咱们两个的对话，大多数已经有了答案。我的第一个问题是："为什么那个最有能力的人会离开？"刚才你也说了，"他为了不让其他人伤自尊，所以挺身而出"，对不对？

孩子：是的，我们也是从"能力最强的人"中判断得到的。这件事一定要那个能力最强的人去做，其他人应该都没办法拿出这样的勇气。

妈妈：没错，首先这个人需要有实力。真正有实力的人才会给周围的人传递和释放更多善意，估计只有一点点实力的人很难做到。一定需要被所有人都信服，他的所作所为才会获得大家的信赖。

孩子：是的，而且这个实力也不分领域呢，只要是有这个实力的人，就会让别人信任。记得之前看过一个新闻，有一位全球知名的足球运动员穿着一件写有"反对战争"的T恤参加了一场游行活动，因为他的出现，这个活动获得了许多人的信任，于是后来有更多的人纷纷加入其中。

妈妈：所以说呀，无论从事哪一个领域，只要实力过硬，就可以拥有足够的号召力，去帮助更多处于困境中的人。想要成为领导者，首先要具备实力。你是不是也认同这一观点？

孩子：妈妈，我也同意。我也要努力学习，不断积累经验，长大后无论在哪个领域，都做一个堂堂正正、有实力的人。

（以下省略）

寻找主题 + 证据

妈妈和孩子就这段故事想要给读者传达哪些信息展开讨论，各自列出了自己的主题和证据。

孩子找到的主题和证据

主题：说话时要考虑听者的感受。

证据："对我们毫无帮助的人"，这句话会让听者觉得自己不被尊重。

妈妈找到的主题和证据

主题：如果想要帮助别人，首先要自己实力过硬。

证据：听到拉比这番话后，竟然是能力最强的人站起来离开了。

支 持

妈妈和孩子分别确定了自己的主题和证据，接下来就需要展开阐述，如何用这些证据和文本内容来支持自己和彼此的主题。

对于孩子提出的主题，妈妈补充找到新证据

孩子的主题：说话时要考虑听者的感受。

孩子的依据："对我们毫无帮助的人"，这句话会让听者觉得自己不被尊重。

妈妈补充的新证据：能力最强的人竟然突然站起来离开了。

妈妈：在我看来，你提出的主题和证据是很有道理的。我们说话时需要考虑其他人的感受，我们要注意不能在言语上给对方带去伤害。妈妈认为你提出的证据也很合理，"对我们毫无帮助的人，请尽快离开"，如果是我听到这样的话，我也会觉得自尊心受挫。妈妈也试着找找还有哪些证据能佐证你说的这个主题。我觉得文本里的最后一句"没想到拉比说完这句话后，能力最强的人竟然一下子站起来离开了"，通过这个"一下子"的表述能看出，这个人应该对拉比的话十分敏感，不然他不会马上站起来离开。你觉得妈妈这个证据怎么样？你同意妈妈的想法吗？

孩子：嗯，妈妈，我同意你的想法。如果我听到让我不舒服的话，我也会像那个人一样马上离开。拉比的确没有太注意自己的措辞，给别人带去了伤害。谢谢妈妈帮我找到更多的佐证，来证明我提出的主题。

对于妈妈提出的主题，孩子补充找到新证据

妈妈的主题：如果想要帮助别人，首先要自己实力过硬。

妈妈的证据：听到拉比这番话后，竟然是能力最强的人站起来离开了。

孩子补充的新证据：现在，这里有一位对我们毫无帮助的人，请尽快离开。

孩子：我觉得妈妈总结的主题已经很完美了，我都不用再找出什么证据帮妈妈佐证了，但我还是试着找一找。"如果想要帮助别人，

首先要自己实力过硬",妈妈应该是根据文本中的最后一句话总结出了主题。妈妈真是太厉害了。因为这个最有能力的人离开,无论拉比还是剩下的其他人,都不会怪他。反正想要解决问题就一定要有他在场,即便他离开也会被再叫回来。所以说,他这样做相当于保住了在场所有人的面子。对于妈妈提出的这个主题,我想再补充一个佐证。"现在,这里有一位对我们毫无帮助的人,请尽快离开",这句话就要看怎么解读了,它既可以被解读为"现场有人不请自来",也可以被看作是"这里有个对解决问题没有帮助、无能的人"。那么这个"无能、无用的人"反而像是在凸显那个有实力的人。

妈妈:哇,妈妈都没想到这一点呢。妈妈只想到有人不请自来,没想到拉比这句话可能还有别的内涵。我家大儿子太厉害了,想象力和思考能力都很棒呀!

这个支持环节可以帮助彼此站在对方的立场上思考问题。妈妈和孩子齐心协力,找到了更多可以支撑彼此观点的证据,让彼此都更加确信了自己的主题。

挑 战

接下来需要孩子和妈妈站在彼此观点的对立面上,挑战对方的主题和证据。比如,孩子提出的主题是"说话时要考虑听者的感受",那么妈妈的立场就应该是"说话时不一定非要考虑听者的感受"。下面我们来听一听妈妈的反驳。

妈妈:妈妈觉得你的解释都很棒,证据和理由也很充足,拉比这么说话的确是他不对。但如果站在拉比的角度考虑,他也只能这么说，没法直接点名让那个不该来的人离开。你想想，一共来了七个人，其中有一个完全没有实力的人，对拉比提出的问题无法贡献任何力量。拉比之所以没有指名道姓让那个人离开，也是不想让他伤心吧？这么看，拉比还是很考虑他人感受的，你觉得呢？

孩子：我明白妈妈的意思，但我想强调的是，拉比为什么非要用"对我们毫无帮助的人"这种带有侮辱性的话呢？他完全可以不这样说呀。

妈妈：嗯，你说得也对，我也觉得拉比的话听起来有些不尊重他人。那你觉得拉比应该怎样说，才不给他人带去伤害呢？

孩子：嗯，我想想……怎么说才好呢？妈妈，你觉得这么说怎么样："今天来到这里的各位都是很有能力的人，但我昨天只邀请了六位参加今天的会议，没接到邀请的人还请自觉离开。"

妈妈：你这主意不错。他这样退一步说，显得自己更加谦逊，也不会让离开的人觉得被侮辱。拉比当初如果能这样说该有多好，真是太遗憾了。但妈妈觉得，想要照顾别人的情绪、了解别人的心情，也不是一件容易的事呢。虽然我们嘴上都说要考虑别人的心情，但实际做起来真的很难。因为人们习惯于陷入自己的主观想法中，只相信自己想要相信的，只看自己想看的。而且根据脑科学原理，大脑也会犯懒，本身就比较排斥分析他人的心理，因此，尽管大家都清楚应该多一些换位思考，凡事替他人考虑，但实践起来真的没有那么简单。

孩子：妈妈，听你这么说，还真是这样。我们在说话时还是要考虑听者的感受，因为一旦伤害到他人，对方可能就此关闭心门，之后都不会再向你敞开心扉了。虽然我们没法做到每一次说话都考虑他人的感受，但还是要尽量做到开口前先在脑子里过一遍：自己想说哪些话？对方听到后会有什么样的反应？提前预判，也就能避免发生误会。

妈妈：嗯，我也同意你的想法。为了不产生误会，有很多种沟通小技巧值得我们学习。其中就有一种叫作"我-信息"[1]的沟通方法，也就是把所有语句的主语都换成"我"。比如，当我看到你的房间很乱、需要打扫时，我可能会说："你能不能打扫一下房间呀，都乱成什么样子了！"这是一种"你-信息"，是不是听起来有点像是批评或指责别人的口吻，会让听者感到不舒服？这种时候，我们可以把这些话变成"我-信息"，听起来就不会那么有攻击性，会更温和一些。如果我说"我看到地板上你的脏袜子，心里有点烦，我认为打扫一下会更好，你觉得呢？"你觉得妈妈这样说是不是好很多？

孩子：嗯，是要比第一种说法好一些，听起来没有那么像在教训我了。

妈妈：嗯，爸爸妈妈平时也没有做到多用"我-信息"来跟你沟通，是我们的不对，爸爸妈妈也在反省自己。其实我们并没有想要教训或是指责你，对不起，让你伤心了。

孩子：妈妈，没关系的，今后我也多用"我-信息"的方式来说话。

下面轮到孩子对妈妈提出的主题发起挑战，妈妈提出的主题是"如果想要帮助别人，首先要自己实力过硬"，所以孩子需要站在反方，从"如果想要帮助别人，自己不一定必须要有出众的实力"的角度反驳妈妈的论证。

---

[1] 我-信息：最早由托马斯·戈登博士提出。"我-信息"=行为+感受+影响。"行为"指的是观察到的对方的行动或者语言，通常是不可接纳的行为；"感受"指的是自身看到该行为后的心理感觉；"影响"指的是对自己造成的影响。

孩子：感觉妈妈总结出来的主题就是经常跟我说的话，"要做到有实力"，我也知道增强实力对自己会更好。我虽然赞同妈妈的这个观点，但也有一些疑问。想要帮助他人，就一定要自己先有足够强大的实力吗？妈妈的意思是说，没有实力的人就没法帮其他人了吗？难道不是应该有这份想要帮助别人的心就可以吗？妈妈是怎么认为的呀？

妈妈：嗯，妈妈听了你的想法，觉得你说得也有道理呢。哪怕没有强劲的实力，只要有想要帮助别人的心意，还是能够多多少少给别人带去帮助的。不过妈妈想要说的是："己欲立而立人，己欲达而达人。"自己还没站好呢，怎么可能把别人扶起来呢？所以还是要自己先做到、做好，才有可能帮别人解决好问题呀。

孩子：我理解妈妈说的"帮助"，应该不是那种在路上看到有人搬东西拿不动，善意地上去搭一把手，而是要帮助别人获得更好的成长，对吗？

妈妈：我认为帮别人拿东西也是一样的。帮忙的人首先一定要自己身体强壮，才能有力气帮助别人搬重物。身体健康也是一种实力，不是吗？如果是我们自己手里的东西已经重到拿不起来，或是腰不好无法拿重物，看到需要帮忙的人，再怎么想伸出援手也无济于事吧？

孩子：妈妈你太厉害了吧，我都不知道该怎么反驳你了。是我想得太浅了，我以为妈妈说的"实力出众"指的就是比其他人学习更好，或者在社会工作中取得了成功，没想到"有实力"可以体现在这么多地方。

妈妈：没错，实力可以体现在方方面面。无论在什么领域帮助别人，都需要自己首先具备更高一层的实力。比如跑步，如果你想要教一个跑步成绩不佳的人，那你首先要保证自己的跑步成绩优异吧？如果是想要帮助一个穷人，是不是你自己的经济能力首先要过关？如果想给别人辅导功课，最起码你应该要擅长这门功课吧？

孩子：嗯，妈妈说得对。不过我还是无法赞同"一定要自己具备出众的实力才能帮到他人"这个说法。就像很多成功人士带出来的徒弟，也并不都是很厉害的人呀。相反，有很多人虽然不是什么大师，却能培养出很多优秀的人才。比如说足球，有很多足球选手在年轻时虽然球踢得并不是特别好，但等他们成为教练后，却能培养出很多优秀的球员。

妈妈：哇，你的想法真棒呀，妈妈都想不出来能反驳你观点的话了，因为妈妈也觉得你讲得很有道理。那根据你刚才的说法，妈妈再重新总结一下："想要帮助别人的心意是最重要的。"再怎么有实力的人，如果没有这份心意，也不会去帮助别人。相反，如果有了这份心意，哪怕自身并没有超强的实力，也会想尽办法帮助别人。当然，如果既有实力又有心意，那是再好不过了。谢谢你呀，儿子，你让妈妈学到了很多。

孩子：妈妈，我也很感谢你，你也让我学到很多。

"挑战"环节没必要太纠结于一些想法，非要一争高下，或是一定要说服对方。只要通过这个过程不断发散思维，获得更多想法就好。

以上环节都结束后，妈妈可以试着带孩子总结一下，通过海沃塔学习，有什么收获，比如可以展开如下对话：

妈妈：和妈妈一起进行海沃塔学习，感觉怎么样？

孩子：虽然感觉有点难，但好像能获得更深刻的思考。

妈妈：这段内容带给你什么启示呢？

孩子：让我明白了还是要尽可能地提升自己各方面的实力，只有这样才能帮助到更多的人。妈妈引用的名句"己欲立而立人,己欲达而达人",给我留下了很深的印象。

妈妈: 妈妈也因为你提出的各种犀利想法而收获颇丰。是你让妈妈明白了,只要有想要帮助别人的那份心,无关个人实力,总是可以帮助到别人的。妈妈今天在你身上学到了很多东西,谢谢儿子!

孩子: 妈妈,今天的学习让我也觉得很开心,谢谢妈妈!

家长还可以引导孩子,在海沃塔学习后以文字的形式整理记录。

《第七个人》海沃塔学习笔记

今天我和妈妈一起进行了《第七个人》的海沃塔学习。《第七个人》讲的是,有一位拉比召集六个人第二天早上集合一起解决某个问题,但第二天却来了七个人,于是拉比叫那个不必在场的人出去,没想到最有实力的人却离开了。我和妈妈讨论之后得出结论,那个人应该是为了不让其他人难堪而选择离开的。因为他是在场所有人公认的最有能力的人,所以如果是他离开,大家也不会觉得是他无能,反而会觉得他很会照顾他人的感受,是一个十分谦虚的人。妈妈认为,实力强的人会受到其他人的肯定,可以帮助到更多人,换作其他普通人是无法拿出这般勇气的。我认为妈妈说的是正确的。但我也认为,不是只有实力出众的人才能给他人提供帮助,不过有实力当然更好。这段文字如果让我自己来读,我可能会觉得很无聊,但因为和妈妈一起用海沃塔的方式来学习,我觉得很有趣。我希望以后也能和妈妈一起用海沃塔学习更多的故事。

家长如果能定期带着孩子进行海沃塔学习，就能够更加深入地了解孩子的想法，成功走进孩子的内心，可以在孩子的成长道路上帮其制定出更多具体、有效的规划。当然，不仅是孩子可以通过海沃塔获得成长，父母也会有不小的收获。实际上，海沃塔最大的魅力就在于通过语言来探寻一个人的内心。犹太人谚语中有这样一句话："开口说话前，我们是这句话的主人；当话说出口后，我们就成了这句话的奴隶。"大家不要觉得这句话带有否定含义，它只是告诉我们，每个人都要对自己说过的话负责。

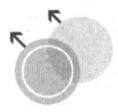

团体海沃塔

团体海沃塔指的是在老师的指导下，几人一组共同进行海沃塔学习。在疫情出现后，我的所有海沃塔课程基本上都以小组形式在 Zoom（线上会议室）进行。现在，我开设的"《塔木德》故事学习"课程共有 18 位学生参与。① Zoom 有开设小会议室的功能，我把学生们按 2~4 人分为一个小组，大家以小组为单位，按照"朗读＋解释""提问＋回答＋讨论""老师答疑""寻找主题＋证据""支持""挑战""老师授课＋学生提问"的顺序依次进行海沃塔学习。在小组海沃塔讨论中，老师需要主导整体课程内容。相比于普通的海沃塔讨论五大基本模型，团体学习多了"老师答疑"和"老师授课＋学生提问"的环节。这两个环节可以帮助学生们解决在前几大环节中未能解决掉的问题。无论多厉害的学生，都会在"提问＋回答＋讨论"的过程中遇到小组无法解决的问题，需要在老师的协助下解开困惑。当然，老师有很多种方法可以帮助学生解决问题，可以直接帮助解答，也可以继续引导小组进行话题讨论，直至他们理解。最后一个环节就是老师基于前面所有的环节进行授课，以更加深刻、独到的观点帮助分析文本，学生们再针对老师讲解的内容提出自己

---

① 在团体海沃塔中，总人数最好控制在 20 人以内，如果超过 20 人，最好每增加 10 人，再增加 1 名老师。

的不同意见。这样一来,老师不仅能启发学生自主讨论,自己也能参与到讨论中去。

下面我们简单看看团体海沃塔讨论的流程,以 Zoom 会议室为例。

阶段	说明	分配	维度
1. 朗读 + 解释	2~4 人一组,在规定时间内轮流朗读文本,并在不看文本的情况下复述、说明内容	小会议室	理解
2. 提问 + 回答 + 讨论	小组内每个人列出自己的问题清单并互相提问、讨论		
3. 老师答疑	小组讨论后仍无法解决的问题,向老师提问,寻求帮助	大会议室	
4. 寻找主题 + 证据	两人一组,各自列出自己理解的文本主题及证据	小会议室	解读
5. 支持	互相寻找能够支撑对方观点和主题的证据		
6. 挑战	找到能够反驳对方主题的证据,进行反驳		
7. 老师授课 + 学生提问	听过老师的授课内容后,学生们对内容展开自由讨论,也可以发表不同看法并进行反驳	大会议室	反驳与批判

团体海沃塔的具体过程就不再用实例赘述了。

附录
关于海沃塔学习法的疑问

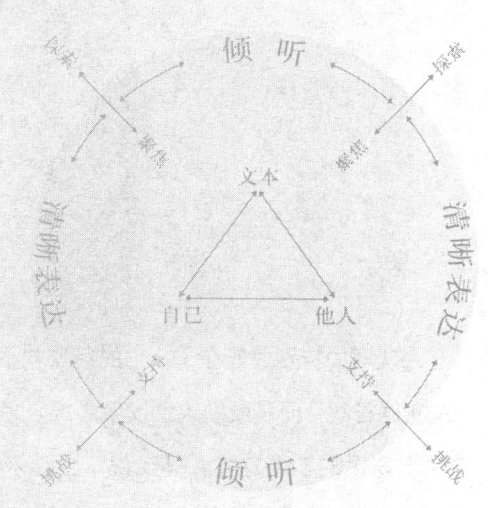

海沃塔的特别之处在于，它的目的并不在于寻找唯一的正确答案，而是鼓励人们发散思维，多多思考，不拘泥于刻板的思维方式。可以说，全球未来需要的人才都可以通过海沃塔培养出来。

本章内容主要想解开各位读者心中的疑问。我整理了一些读者经常会提出的问题,给大家答疑解惑。

问:您是如何接触到海沃塔的?

答:在 2012 年前后,我和另外一个朋友共同出版了《父母如何像犹太人一样教育子女》,海沃塔因此由我们两个人最早引入韩国。不幸的是,这位朋友在 2017 年离开了我们。

只有老师一方授课的课堂形式让学生们感到无聊,提不起兴致,学习效率也相对较低。相信各位也都经历过那种"听讲—背诵—考试—遗忘"的课堂形式,那种课堂永远都是在重复同样的过程。但是尽情提问、讨论的海沃塔课堂不仅让大家感受到了课堂的魅力,学习成绩也可以一并提高,别提多让人欣喜了。早期我曾负责过海沃塔学习法的宣传,当时就感受到了大家对海沃塔学习法的热情。再到后来,我们将其应用到教学实践中,大家更是接连赞叹。

逐渐地,越来越多的人加入海沃塔学习法的教育大军,不断贡献自己的力量。截至 2022 年,短短 10 年时间,就已经有超过 300 本与海沃塔相关的书籍在韩国出版,现在也是平均每月出版一本,与之相关的学习资料也迅速增多。我真心希望借这本书的出版,让中国读者能认识和了解海沃塔学习法。

问：想要运用好海沃塔学习法，需要提前做什么样的准备？

答：不需要什么特别准备，有一张嘴就够了。海沃塔学习法最大的优点便是不需要特别准备，只要有一段文本内容，身边有一位搭档，随时随地就可以开始，因为主要内容就是互相提问和回答。能够提供这种环境的地方无外乎就是家和学校了。在家里，父母可以带着孩子一起进行海沃塔，甚至是爷爷奶奶带着也可以，全家人聚在一起其乐融融。历史、文学、社会、政治、经济等各个方面的问题都可以成为讨论的话题，大家可以畅所欲言。学校更不必说，有这么多学生在班级里，只要老师下定决心想要运用海沃塔学习，随时都可以带领学生们开始。

如果海沃塔学习讨论的内容是一整本书，大家就需要提前预习好内容，列好问题清单，老师则需要提前熟悉书的内容，拟好练习试卷，打印出来发给大家，这样才能提高课堂效率。

问：怎样才能更好地开展海沃塔呢？

答：想要更好地开展海沃塔，首先要熟悉提问和讨论这两种学习方法。就以我在第一章中提到的内容为例，大家需要多提问。提问也是需要训练的，经常练习就会越来越顺。当我们与他人沟通时，遇到不理解的，我们一定要马上提问，并且享受提问的乐趣。实际上，大多数人并没有做到不懂就问。即使提问，有时也得不到答案，但绝对不能因此就放弃提问。这就好比钓鱼先放鱼饵，也许鱼儿不会马上上钩，但总有一天它会浮出水面。只有首先理解内容，学习才会变得有趣，而提问是理解的必备要素，没谁能做到不提任何疑问，全凭自己就百分之百掌握所有知识。在听老师讲课或是同伴们讲解时，遇到不懂的地方一定要及时提出疑问，这样才能顺畅地学习后面的内容。

大家熟悉了提问后，接下来可以试着多参与讨论。讨论也一样，没有任何一个人天生就有讨论的天赋，所有技能都要经过实践和教练的指点，才能一点点提高。但大家要记住，进行海沃塔的目的并不是取得胜利，而是探究事实和真相。换句话说，我们讨论的目的并不是要一分高下，讨论出哪个人的说法是正确的。因此，在讨论过程中，千万不要为了反驳而反驳，不应该针对特定的人，揪住他的小辫子不放。同理，如果在讨论过程中发现自己的想法有偏颇，也应该及时收回自己的意见。海沃塔讨论的证据都在文本当中，因此需要对文本有整体的把握和理解，也只有经常练习、多训练、多参加讨论，才能不断提升自己的理解能力。

问：您说了很多关于海沃塔的优点，那它完全没有缺点吗？

答：海沃塔还真是没什么特别的缺点。如果非要吹毛求疵的话，"一定要两个或以上的人一起做"可能勉强算是唯一的缺点了。不过有一点需要强调，寻找一起开展海沃塔的搭档，的确没那么简单。有很多学生曾跟我说，虽然上课时可以找到搭档一起学习，但课后的确很难再找到搭档可以随时随地开始学习，这一点比较遗憾。对于这样的学生而言，我会建议在起步阶段通过一些付费课程开始学习。也有人会质疑："一群没有掌握海沃塔技巧的人凑在一起能有进步吗？"大家大可不必过于纠结，只要了解基本方法，大胆去尝试和练习就好。我在最开始用海沃塔讲课时，也没有完全熟练，只是抱着尽最大努力的心态去带领学生学习，然后一步步走到今天。当然，如果能找到与自己趣味相投的朋友一起学习，将是一件无比幸福的事，所幸我当初学习海沃塔这一方法时就找到了一位很棒的搭档，我的能力也迅速得到提升。大家如果实在找不到搭档，也可以试着在海沃塔资格证培训班里找找看，在课程结束后两人一组定期学习。如果你上过关于海沃塔的课程，你就会感受到它的极致魅力。在韩国，也许会有人说自己一次海沃塔课程也没上过，但绝对不会有人说"我只试过一次"，因为一旦尝试过就会发现这个方法实在太有魅力了，从来不会让你感到枯燥乏味，反而让你对它越来越上瘾。

问：您也提到过，海沃塔是犹太人的学习方法，那它适合其他国家和民族吗？

答：这真是一个好问题。我认为，不能因为海沃塔是犹太人的学习方法，我们就排斥它。

第一，海沃塔是最适合人类的学习方法，因为它是用人类所独有的技能——说话来展开的一种学习方式，这是任何动物都无法模仿的。语言的作用是帮助人类相互沟通，而沟通会促进合作。语言还能开发大脑，启发思考。在相互交流的过程中，同伴们的想法往往会帮我们激发出更多的灵感，衍生出更多想法，长此以往，团体的整体水平会有明显提升。沟通和学习能力不断夯实、提升，自然会涌现出越来越多的人才。

第二，我认为，海沃塔是未来发展所必需的一种学习方法。如果说之前是靠信息差获取利益的时代，那么未来，信息将不是最重要的因素。因为现如今信息唾手可得，我们想要了解任何事物，只要动动手指就可以搜索到。未来将是一个需要智慧的时代，需要我们判断哪些信息是真的、哪些信息是假的、哪些信息对我们有用、哪些信息经过加工能变得更有价值。因此，填鸭式教育将越来越被弱化，人们将更重视高效的学习方法。

第三，海沃塔对于改善教育问题具有划时代的意义。如果海沃塔能被引入教育体系，相信能更大地激发出中国人的学习潜能。两个人，一段文字，随时随地就能开始海沃塔学习，就像朋友见面聊天那般轻松。说实话，目前世界上的确再没有像海沃塔这样可以随时开始、无须额外费用而且效果显著的学习方法了。海沃塔将人类最强大的武器——语言的作用发挥到极致，并无限延展出各种各样的魅力。犹太贤者认为，语言具有改变人、事物、时间乃至整个世界和未来的强大力量。以语言为核心的海沃塔学习法自然也拥有着无限的创造力和培养优秀人才的潜力。

问：学校如何应用海沃塔？是否会影响学习进度？实际应用过的效果又是怎样的呢？

答：只要能学习的地方都能应用海沃塔学习法，学校当然再适合不过。但事实上，还有很多壁垒需要我们去攻克，比如偏见及经验不足。我们先来说说偏见。大多数老师刚接触海沃塔时，总是会下意识地认为这种以讨论为主的学习风格可能会影响学习进度，因此迟迟不敢使用这一方法。但这种担心是完全没必要的，海沃塔不仅不会给整体进度拖后腿，还会提高学习效率。

事实上，听那些将海沃塔应用于教学实践的老师说，用海沃塔学习法的课程进度要远快于传统课程的进度。在传统课堂上，老师首先要在黑板上写好板书，然后再一点点开始讲解，但海沃塔完全没有这个必要，因为学生们会参与到课程的各个环节。假如一个班里有30人，两两一组进行海沃塔学习，那么全班就有15个小组在一起学习。学生们会就课本上的内容相互讨论、提问，老师不再需要给每个学生一一说明，只要针对个别学生提出的问题进行讲解即可。当然，这并不意味着老师完全不需要再讲课了，只是老师做主角的时间会大幅降低。一节 50 分钟的课堂大概只需要老师讲 20~25 分钟，剩下的时间把发言权交给学生自己，自由进行海沃塔学习即可。这样一来，进度自然会加快，效率也将大幅提升。

不过，刚开始应用海沃塔学习法时也许不会立竿见影，需要充分地练习后才能见效。所以，老师们一般会在开学之初带着学生们进行相应的训练，一开始的进度会稍稍慢一些，但经过一个月左右的练习，海沃塔学习就能步入正轨了。

因为海沃塔课程需要不断说话交流，所以教室内会比较吵闹。不过这种吵闹源于学习，对于大家集中精力很有帮助。在交流中，大家会自然地释放压力，不断感受到乐趣，进而提升学习积极性，学习成绩自然也能得到提高。

可以说，从来没有一个将海沃塔应用于课程的老师抱怨过，倒是大家都惊叹于它对于提升学习成绩的巨大帮助。

下面是学校应用海沃塔的实例。

> ### 案 例
> #### 因海沃塔而跃升为名校的地方高中
>
> 在韩国学校中，将海沃塔用于日常教学并且做得最好的，是位于全罗南道宝城郡筏桥邑的筏桥高中（校长李成烈）。
>
> 李校长此前一直苦恼于如何提升学生们的思考能力。2014 年，

一次偶然的机会，他发现海沃塔能够帮助学生大幅提升思考能力，于是便将其应用于学校的教学中，这也成为这所学校人才辈出的关键转折点。

对于海沃塔的优点，李校长解释道："首先，课堂里没有打瞌睡的学生，学生之间相互提问、回答，在这一过程中，他们可以碰撞出多种视角和想法，也可以合作解决问题。老师们不再像以往那样只是一个人在讲台上授课，学生们也可以领悟到解决问题的成就感和自豪感，以及协作精神和共同体的重要性。"

有一位学生这样比较海沃塔课堂和普通课堂："以前上课，我只要听讲就好，但海沃塔会给我们机会来提问并思考各种问题的答案，经过思考，我们就会得到更加多样的想法。我觉得海沃塔课堂真的很棒。"

正是因为运用了海沃塔，筏桥高中才培养出众多优秀学生，很多学生成功考上了名牌大学。在过去六年里，李成烈校长每年做一次统计，对比观察实行海沃塔前后考上京畿道（首都圈）大学的学生人数。通过趋势表就能看出学生成绩斐然，2018年成功考上京畿道（首都圈）大学的学生人数竟然是2013年的近4倍。

筏桥高中应用海沃塔前后毕业生考入京畿道（首都圈）大学趋势表

应用前			应用1年	应用2年	应用3年
2013年入学人数9人	2014年入学人数17人	2015年入学人数14人	2016年入学人数23人	2017年入学人数24人	2018年入学人数33人

在大家都希望考入名校的情况下，筏桥高中的名牌大学入学率是其他同水平高中的3~4倍，简直可以说是奇迹。我确信，因为有了海沃塔，筏桥高中成为全罗南道甚至全韩国闻名的高中。

以下为李成烈校长的专访内容。

问：刚开始引入海沃塔时，学生和老师们的反应如何？

答： 您别看现在大家都适应得很好，在 2015 年初刚刚推行海沃塔时，所有老师都很苦恼："之前一直都是老师讲课学生听，现在把主动权交给孩子们，他们真的能够积极讨论发言吗？"这些忧虑都是杞人忧天。随着时间的推移，海沃塔的效果日渐显著，孩子们都对学习展现出了浓厚的兴趣，学习态度也发生了翻天覆地的变化。原本只能听到老师一个人的声音的安静课堂，慢慢变为学生们激烈讨论的空间。说句实话，最开始的时候，别说是其他老师，就连我这个校长心里也没什么底，毕竟没有实践经验，谁都无法保证结果是好的。所以，老师们也开始线上线下地进修、学习使用这一方法。老师们先进行理论学习，再应用于教学实践，通过经验分享不断增强教学能力，学到了更多知识。同时，我们购买了大量与海沃塔相关的书籍，每个教室都摆放二十多本，以此鼓励和督促学生们，让他们认识到运用海沃塔的必要性。

问：海沃塔学习法的哪个特质最打动您？

答： 最近经常听说的一个词叫作"课堂坍塌"，指的是上课不到 5 分钟学生们就开始犯困。但自从我们开始采用海沃塔，教室里再也看不到打瞌睡的学生了。平时不爱说话的孩子也开始和搭档积极沟通，大家经过一番讨论后也能明白老师讲课的辛苦，会对老师更加感激。学生们两两一组针对特定的主题互相提问、讨论，不断激发出更多想法，看待问题的视角也更加多元。两个人如果遇到都没能解答出的问题，可以向其他小组的同学请求帮助，大家一起思考，

> 潜移默化地加深了彼此的友情。课堂上，老师也不再有那么大的压力，可以更加轻松自在地帮助学生们解答各种问题，而学生们也可以从学习中感受到协同合作的重要性。

问：我作为一名已经适应传统授课方式的教师，能带学生运用好海沃塔学习法吗？

答：当然可以了，不过刚开始您一定会觉得有些陌生，需要不断练习和适应。我建议此前没尝试过海沃塔学习法的老师不要一开始就急匆匆地转变教学方法，应该在自己已经完全掌握技巧后再投入使用。我之前和一些有过海沃塔学习法教学经验的老师聊过，刚开始的确会觉得比较痛苦，不过适应后会觉得无比畅快。有了海沃塔学习法，课堂氛围不再死气沉沉，学生们可以畅所欲言，老师也不需要再浪费时间把板书写在黑板上，反而在学生讨论时能够休息片刻，学生们的成绩也能有所提升。当然了，海沃塔学习法带给老师们的不仅有福利，也会增加其他方面的考验——学生们会提出各种问题，老师要做好充足的准备给学生解答。如果遇到实在难以回答的问题，老师也可以如实相告，自己弄清楚后再做说明。大家也不要把海沃塔学习法想象得过难，就像我们刚学习开车时，目视前方走直线都不是一件容易的事，但等到驾驶技能熟练后，开车横穿整个大陆都不再是难题。同理，老师和家长们在刚开始接触海沃塔学习法时一定会觉得陌生和不安，但只要努力尝试并多做练习，相信很快就能感受到海沃塔学习法的魅力。

下面我们来看看课堂上应用海沃塔学习法的两个实例。

案例一

一半学生都取得第一等级成绩

金英政是庆尚北道一所公立高中的老师。2014年,他将海沃塔应用于他的地理课程中,结果班上18个学生中有9个学生在高考中都拿到了第一等级分数①,高分率竟达50%,整个班级都感觉扬眉吐气了。要知道,拿到第一等级分数的难度相当大,大多数班级可能一个这样的学生都没有。

金老师说应用海沃塔最难的一点要数授课内容。海沃塔致力于引导学生们积极提问,因此学生们会提出很多问题。对老师而言,比较困难的便是如何将问题分类,并把这些问题与课程主题及学习目标连接起来,以及如何让学生与老师、学生与学生之间产生相互作用,共同找到问题的答案。因此,在运用海沃塔授课过程中,老师的作用并不是全盘接收学生的问题并一一解答,而是培养学生们如何将问题与课程主题匹配,并与其他同学顺畅沟通。这并非靠文字或语言就能解决的问题,而是需要老师们在实践中不断试错、纠偏,不断总结经验并优化。

谈到海沃塔的优点时,金老师表示,它能帮助老师与学生、学生与学生之间的沟通变得更加顺畅,互相分享自己的想法和观点,在提问和回答的一来一往当中,大家的关系会变得更加亲密。也就是说,学习主体之间的亲密度和共情能力会朝着积极的方向不断发展。

另外,海沃塔能够根据学生的不同水平激发出与之相应的主观能动性及创造力、思考能力、逻辑能力,可谓是一套成熟的方法论。

---

① 韩国高考采用"绝对评价制",将分数划分为九个等级。——译者注

每个学生都可以提出自己关心的问题,并向同伴或老师寻求答案。因此,学习好的学生成绩会越来越好,成绩不太理想的学生会对学习产生好奇,一步一步向前进。另外,海沃塔学习法的特别之处在于,它的目的并不在于寻找唯一的正确答案,而是鼓励人们发散思维,多多思考,不拘泥于刻板的思维方式。可以说,全球未来需要的人才都可以通过海沃塔学习法培养出来。

在金老师看来,海沃塔学习法有两个需要注意的点:一是选取对提高学生成绩有帮助的主题,二是注意调动课堂气氛和加强学生之间的沟通。2016年,金老师还曾在韩国国会举办的智慧教育论坛中分享了海沃塔学习法的成功案例。

以下是对金英政老师的采访内容。

问:最初将海沃塔学习法应用于教学时,您遇到过什么难题?

答: 学生们会丢过来成百上千个问题,究竟该怎么做才能把这些问题与课程目标联系起来,这是最重要的。我们不能只是一味地带学生们做问答,还要思考每节课要给学生们传递怎样的信息,如何把教学内容和课程目标相结合,这在最开始时是最大的难题。另外,随着时间的推移,大家对海沃塔学习法的新鲜劲过去了,学生们变得不爱提问,参与度也有所降低。这时就需要老师用游戏或其他激励方式调动学生的积极性,或者带大家去户外上课。偶尔变换一下场所也能激发学生们的兴趣,提高他们的参与度。

问:学生开始运用海沃塔学习法后,最积极的变化是什么?

答: 第一,性格层面。最好的谈话就是互相认真倾听。运用海沃塔学习法后,学生们能够彼此倾诉自己最真实的想法,老师也能知道更多此前未曾了解的学生心声。孩子们的沟通能力有所提升,共情能力和换位思考的意识也有所增强。这种学习方式可以拉近彼此间的关系，之前并不熟悉的同学，通过交流可以增加彼此的好感，收获更多的友谊。

第二，成绩层面。我真的很想给学生们推荐可以和朋友们互相交流并探讨的海沃塔学习法。简单来说，就是两两一组互相讲课。在给自己的搭档讲课的过程中，我们可以发现自己在哪些内容上存在困惑，还有哪些内容没搞懂，这实际上是元认知在起作用。调动元认知要比"填鸭式教育"有用得多。做得好的学生会通过给对方讲课来不断夯实知识点，而相对没那么好的一方会因为是朋友之间的讨论和学习，不会有像面对老师时的负担，可以尽情提问，搭档再帮忙解答。这样一来，双方的成绩都会稳步提升。我们班基本有一半的学生在考试中可以拿到第一等级成绩，这令我十分惊讶。要知道，虽然第一等级也是一个分数区间，但基本也近乎满分了。相比于其他课程，在我的课堂上，学生们可以尽情提问、讨论，所以大家学习的主观能动性更强，也就取得了更好的效果。

问：在课堂中引入海沃塔，您认为应该注意哪些问题呢？

答：第一，选好课堂内容的主题十分重要。主题既要满足授课目标，又要激起学生们的好奇心，调动他们的积极性。如果只注重趣味性，对学习成绩会毫无帮助。如果只考虑学习效果，课程设置上就会变得枯燥乏味。所以要平衡好两者的关系，选好课堂内容的主题。第二，要做到慧眼识珠。要善于在学生们提出的众多问题中挑选出几个适合课程讨论且大家都很感兴趣的问题，让学生们都能够积极参与到课程当中，这样才能帮助他们提升成绩。尤其是涉及高考的科目，更应该注意以上问题。

案例二
成绩由 40 分涨到 80 分

韩国京畿道一所小学的金道润老师,也把海沃塔应用于教学课程中。他发现在进行海沃塔学习时,学生们在课堂上的注意力明显更集中,学习成绩也竿头日上。特别值得一提的是,班级学生的数学成绩在应用海沃塔前后变化最大,平均分竟然从 40 分提高到 80 分。这 40 分的差距不仅让金老师惊讶,也让学生们觉得不可思议。

以下是对金道润老师的采访内容。

问:最初将海沃塔应用于教学时,您遇到过什么难题?

答:起初,我只是把海沃塔原封不动地应用到教学当中,遇到过许多困难。我以为学生们会提出问题,互相讨论、问答,但没想到大家提问的时间比讨论的时间还长,根本无法做到头脑风暴、相互听取意见,越到后来变得越发形式主义,运用海沃塔的课堂也变质了。我当时花了很长时间才解决了这个问题。以我过来人的经验看,一定要让孩子充分理解为什么要用海沃塔、意义在哪里,这样可以避免大家漫无目地提出一些与课程核心内容无关的问题。老师也要训练学生们的这项能力,这样才能实现想要的效果。

问:在课堂上引入海沃塔,您认为应该注意哪些问题?

答:第一,要营造让所有学生都可以畅所欲言的讨论氛围。老师也要多多鼓励学生,老师的表扬对学生来说也是很大的动力。

第二,关于为什么要在课堂中应用海沃塔,需要和学生们充分沟通,让大家知道这样做的好处。如果学生不能很好地理解海沃塔的益处，会对这种方法感到厌烦。

第三，老师需要教会学生提问的技巧和方法，可以让学生随时随地提问。孩子们从小不爱问问题，不了解提问的技巧和方法，这些都需要老师的指引。

第四，如何在回答一个问题时，引出另一个新的问题，这也需要老师的引导。海沃塔要求的讨论并不像考试那般一问一答，面对一个问题只需要给出一个标准答案。学生们要学会在一来一往的问答中不断深入挖掘讨论的内核，这也需要训练。

第五，无论学生提出的问题如何，或给出的答案是否理想，都不能打消学生们的积极性，提问和回答没有高低之分，所有回答都值得被尊重，哪怕遇到不满意的回答，大家也可以试着帮助对方补充，而不是相互指责，这一点需要提前告知学生。

问： 您为什么坚持将海沃塔引入课程教学？

答： 现在的孩子都不太乐于思考，因为各种搜索引擎和网站的存在，任何需要了解的信息无须动脑，一查便知，于是大家都对探索一个问题的答案失去了耐性，如果不能马上知道结果，很快便会失去兴趣。有时候，孩子们看到其他同学不明白自己所说的话，或是没有及时做出反馈，也会误认为这位同学的理解能力有问题。

海沃塔解决了这些问题，孩子们在课堂上会有更多的时间思考。在讨论和交流的过程中，他们也会更加自然地换位思考，考虑对方的立场。这样一来，大家的包容心越来越强，在今后的生活中对他人的共情能力也会有所提升。不仅如此，思考的深度和广度也会有所提升，这对扩展知识和能力也会有很大帮助。可以说，海沃塔不仅开阔了学生们的思路，还让大家变得更加有人情味，学会与他人打交道。

问：海沃塔适用于所有课程吗？

答：我觉得问题不大，无论是数学课还是自然课，不都需要提问和讨论吗？比如遇到比较难的数学问题时，两个人一起商量，来一场头脑风暴，也许问题就迎刃而解了。基于此，我认为没有什么科目不适于用海沃塔。文学、历史等文科最为合适，如果有教理科的老师，我也建议试一试，绝对会有意外的惊喜。

问：父母如何跟孩子自然地运用海沃塔？

答：犹太父母基本上每天都会和孩子一起吃早饭和晚饭，大家会就报纸上的内容谈论当天的时事新闻。对于犹太人家庭来说，一家人一起吃晚饭是基本要求，"安息日"那一天更是会全家人一起聚餐，放松地聊天。家庭氛围对于一个孩子的学习成长起着重要作用，家长可以在客厅摆满各种书籍，为孩子打造一个家庭图书馆，让孩子在家就能感受到学习的乐趣。如果在家随处可见书，孩子自然会产生阅读的兴趣，积累丰富的知识后自然也就想要和父母讨论、分享自己的看法。因此，从长远角度来看，我推荐家长们把客厅打造成一个小小的图书馆，全家人在一起吃饭时也可以对书或报纸的内容进行讨论。政治、经济等人们每天关心的时事都可以成为讨论的话题，说出自己的赞成或反对意见都是学习的机会，尤其是在寻找能够佐证自己逻辑的证据时，人们会有意想不到的收获。这样一来，在轻松的氛围下玩着就能实现学习目标。换言之，游戏也要有趣才能激起人们玩的欲望，因此父母也要注意，不能只是单方面地发表意见，要让孩子也感受到其中的乐趣。学习本身就是一项会让人感到有负担的活动，所以，父母需要多花些精力，想想如何才能让正常对话变得更加有趣和富有智慧。比如，父母可以在小纸条上写下关于时事的关键词，让孩子从中挑选一个展开讨论。如果想让孩子的成绩在短时间内得到提升，父母最好扮演好海沃塔学习搭档的角色。孩子放学回家后，问问孩子在学校学到了哪些内容，让孩子给自己讲一遍，也能达到复习的效果。家长们要注意，哪怕自己对孩子白天的校园生活并不太感兴趣，也应该表现出好奇，从而调动孩子的元认知。在如此频繁的刺激之下，孩子的成绩自然会提高。

问：我总觉得现在和孩子的对话时间越来越少，如果采用海沃塔，会有所改善吗？

答：当然会有改善。孩子回家后，妈妈一般都会围着孩子问许多问题："今天在学校怎么样啊？""老师说什么啦？""和同学们一起都干吗啦？""今天食堂的饭怎么样？""上课学到什么啦？"面对诸如此类的问题，孩子通常给出的回答都很短，无外乎是"还不错""嗯""挺好的"等等，再长的答案也不会用超过 10 分钟的时间讲完。这是因为父母提出的这些问题过于零散，不聚焦，主题也不够深刻。如果采用海沃塔，就某个主题深入探讨，父母会发现孩子的想法其实很多，最近有什么烦心事、在学校的生活是怎样的也可以通过谈话一并了解，并在此基础上思考如何有针对性地采取应对策略。海沃塔可以让孩子根据不同的文本种类发散思维。学习内容如果是《塔木德》这种智慧之书，海沃塔就能帮助孩子增长智慧。如果是文学作品，海沃塔能够帮助孩子提升文学素养。

问：如果孩子不喜欢阅读，也能进行海沃塔学习吗？

答：对于海沃塔而言，最重要的是针对某一个主题展开对话。如果孩子实在不爱读书，一部电影、一首诗、一幅画，都可以成为海沃塔的内容。单是一个短视频，也会蕴含大量的信息和可待深入挖掘的内容，关键还是在于父母如何调动孩子的学习热情，激发出他们的积极性。

问：有哪些海沃塔讨论的课后活动吗？

答：我十分推荐写作练习。海沃塔的核心动作主要是读、说和听三项，唯独没有写。所以，我建议大家在海沃塔结束后，试着把自己学到的内容和想法整理并写下来，还可以发布在网络上与其他人共享。如果没有及时记录下来，随着时间流逝，很多有意义的想法都会随风飘散。所谓好记性不如烂笔头，随时随地地将内心所感所想记录下来，可以打造一个专属于自己的"资料库"，日后有用时随时可以拿过来用。我平时会要求学生一定要养成写课后日记的习惯，还会将课程上讨论过的内容整理下来，以PPT的形式发给大家，这些可以作为学生在课后进行写作训练时的参考材料。

问：如何才能提出高水平问题呢？

答：要知道，对大多数人来说，很难在海沃塔一开始就提出高水平问题，提问也是需要练习的。所以，大家在初级阶段无须过度关注如何提出高水平问题，而是应该想着如何能多提问、能提出哪些角度的问题。提问是需要勇气的，问题再优质，如果没有开口说出的勇气，也是徒劳无功。所以，我希望大家先培养出提问的勇气，多加练习，后面渐渐地就不会有恐惧心理了。

另外，我希望大家不要妄自评判他人提出的问题。提问没有好坏之分，无论孩子提出一个看起来多么微不足道的问题，也需要我们认真对待。"真是一个好问题""你提到的这个问题我之前怎么从来没有想过呢"，通过如此正向引导，大家都会越来越爱张口提问，提问的水平也会在潜移默化中得到提升。

我们再回到问题本身，虽说问题没有好坏之分，但的确会有水平高低的差异，这取决于个人能力。可想而知，从事某个领域十年之久的专家和刚入行不到一年的小白，他们提问题的水平一定相差甚远。同样的道理，越是对海沃塔有着丰富经验的人，提问的水平一定会越高。高水平问题往往都有一些共同特征——很难简单地给出答案，背景知识需要横跨多个领域或学科。我们以法国的大学入学考试试题为例：

- 人拥有选择权就算拥有自由了吗？
- 人为什么想要了解自己？
- 人能对自己说谎吗？

这些问题看起来简单，但回答起来都不容易。又长又复杂的问题不一定就是好问题，相反，有很多好问题虽短小却强有力，直击人心。有人会带着一个问题度过终生，一辈子都在探索问题的答案。也有人历经各种磨难仍坚持不断探索，最终获得诺贝尔奖。牛顿带着"苹果为什么会落地？"这个疑问不断钻研，最终提出了万有引力法则。

提问是智慧之路的起点，需要无穷无尽的钻研和探索，才能找到答案。大家不必因为没能立刻得到答案而感到遗憾，只要坚持到底，总归会有收获。无论哪个领域，都存在棘手的问题和难题，哪怕这些问题和难题是当代无法解决的，随着时光的流逝，技术的发展，几百年后，答案也终将浮出水面。我曾对提问本身有很大的疑惑："人们究竟为何不爱提问呢？"带着这个问题和"问题的本质究竟是什么？"的疑问，我深入探索、研究了七年时间，最终发现了问题中蕴藏着的惊人价值,出版了《善于提问的犹太人,不爱提问的韩国人》一书。在我看来,问题是人类语言的结晶。正是有了问题,历史的洪流才会滚滚向前,社会才能不断发展和进步。

海沃塔需要针对讨论的文本内容提出问题,如果对方能轻易地在文本中找到答案,说明这个问题的水平相对不高。我们以小故事《狮子与鹤》为例。

《狮子与鹤》

有一头狮子,不小心被骨头卡住了嗓子眼,无比痛苦的它发出悲鸣,大喊着如果有谁能帮它取出骨头,它可以给出丰厚的奖赏。有一只鹤听到了它的呼救声,落在它身边。

鹤让狮子张大嘴巴,然后把头伸进去,用自己长长的喙帮狮子把骨头取了出来。

鹤问狮子:"你说的奖赏是什么?"

狮子听到鹤说话的口气,强压着怒火对它说:"你把头伸进我的嘴里,还能完好无损地出来,这就是我给你的大礼。在这么危险的情况下,你还能活着离开,足够你一辈子出去和别人炫耀了,别再妄想我能给你其他什么东西。"

低水平问题:
- 鹤为什么能帮助狮子取出卡在嗓子眼的骨头?

・鹤为什么要问狮子会给它什么奖赏？

・狮子为什么会发火？

・狮子为什么对鹤说没有吃掉它就是大礼了？

・鹤真的会如狮子所讲，认为自己把头伸进狮子的嘴里还没有被吃掉是一件值得炫耀的事吗？

・狮子得救后，为什么又说只能给鹤礼物呢？礼物和奖赏的区别是什么？

・面对狮子这种过河拆桥、只顾眼前利益不守信用的行为，你是怎么看的呢？

・鹤为什么没能得到奖赏？

・鹤提出的需求有没有问题？如果有，是什么？

上述问题的答案都可以在文本中找到，也没有过多可以讨论的余地。当然，对于刚接触海沃塔的初学者来说，这种水平的问题已经很不错了。过去，我们更习惯于被别人提问，听别人抛出问题后再去寻找答案，很少会动脑自己思考问题。我建议各位从现在开始行动起来，养成多主动提问的习惯。

高水平问题：

・狮子的行为是否妥当？

・狮子在承诺给鹤奖赏的时候，是否考虑过自己要付出怎样的代价，是否考虑过如果自己不遵守诺言，会不会在动物中失去威信？你的依据是什么？

・你认为当狮子背信弃义、无视帮助过它的鹤时，鹤应该采取怎样的态度？

・口头约定是否具有约束力？

这些问题的答案都是开放式的，能引发学生展开更加深入的讨论，得到各种有深度的训诫和真理。

问：如何找到文本的主题（核心观点）？

答： 我曾在前文中提到海沃塔讨论的五个阶段，其中的第一、第二阶段就可以帮助我们理解文本内容，掌握作者给读者传递的信息。俗话说"一千个读者，一千个哈姆雷特"，每个人对文本都有不同的解读，所以大家只要从自己的视角来分析文本内容即可，不过这里有一个前提，即任何主题的推导都需要证据，只有找到足够有说服力的证据，才能让搭档信服。对于经常进行海沃塔的人来说，找到文本的核心要义并不难，常年的经验积累会让人掌握诀窍，但这种诀窍存在于暗默知识（也称隐性知识，指虽然知道但不好表达出来的内容）中，就如同出自《庄子》的四字成语"轮扁斫轮"一般，很难用语言和文字说明，唯有自己勤加练习才能体会。

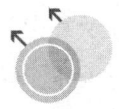

写在最后

　　2021年2月,我生平第一次接触到中国学生。当时在韩国海沃塔联会主办的"海沃塔二级专家课程"中,我用《塔木德》中的几个故事和《小王子》这本书,通过视频会议软件给学生们讲解了一些关于海沃塔的内容。我记得当时一共有28位中国学生参与课程,虽然已经过去一年多的时间,但学生们的面孔至今让我记忆犹新,我很想念他们。说实在的,当时看到大家比韩国学生还认真的样子,我真的很感动。唯一让我感到遗憾的是我听不懂中文,大家在每个小会议室里讨论的具体内容我无从得知。之前在韩国上课时,我都会轮流进入每个小会议室,听一听大家都在说些什么,但这次由于语言的局限性,我只能从各位的脸上看到真挚和热情。当我看见直到课程结束后,大家还都在全员参与讨论时,那一刻我不禁感叹,也许海沃塔在中国能开出更鲜艳的花。我也期待看到海沃塔能给中国朋友们带来更多意外的惊喜。

　　2010年至今,我已经在韩国教了12年的海沃塔和《塔木德》,在这12年的时光里,我也感受到了许多变化。看到提问一点点成为韩国教育中的核心要素,我真的很欣慰和自豪。

这本书倾注了我十多年来进行海沃塔教学的所有经验，海沃塔课程的详细过程和内容也都收录其中，希望大家能对海沃塔学习法感兴趣，并真正享受到学习的乐趣。最后，我想感谢全铁均和华夏出版社的朱悦、王凤梅给予的帮助，也借此机会感谢金锦兰老师，无论在物质还是精神上，她总是支持着我。真心感谢各位的付出和帮助。

2022 年 5 月
金政完于韩国首尔敬书

Copyright © 2025 by Kim Jung Wan
All rights reserved.

版权所有，翻印必究。
禁止将本书内容用于人工智能训练，违者必究。

北京市版权局著作权合同登记号：图字：01-2025-3148 号

图书在版编目（CIP）数据

海沃塔学习法 ／（韩）金政完著；穆秋月译. --
北京：华夏出版社有限公司，2025. -- ISBN 978-7
-5222-0924-1

Ⅰ．G442

中国国家版本馆 CIP 数据核字第 20258HJ075 号

海沃塔学习法

作　　者	［韩］金政完
译　　者	穆秋月
责任编辑	王凤梅
责任印制	刘　洋

出版发行	华夏出版社有限公司	
经　　销	新华书店	
印　　刷	三河市万龙印装有限公司	
装　　订	三河市万龙印装有限公司	
版　　次	2025 年 10 月北京第 1 版	2025 年 10 月北京第 1 次印刷
开　　本	710×1000　1/16 开	
印　　张	8.5	
字　　数	75 千字	
定　　价	49.00 元	

华夏出版社有限公司　地址：北京市东直门外香河园北里 4 号　邮编：100028
网址：www.hxph.com.cn　电话：(010) 64663331（转）
若发现本版图书有印装质量问题，请与我社营销中心联系调换。